不登校を生み出す社会、不登校から救い出す家庭

長沢 桜
NAGASAWA SAKURA

はじめに

コロナ禍を契機に不登校が以前にも増して多くなってきています。

それは、行き先の見えない社会や不穏な空気が子どもたちの心に大きな影を落とし、不登校を増大させているのかもしれません。

近年、毎年のようにニュースで報じられるのは、引きこもりが疑われる人の起こす事件です。それは年齢や環境が違ってもさまざまな形で起きているように感じます。

このような状況において、私がこの本を執筆することになったそもそものきっかけは、自分の子どもが不登校になったことにあります。不登校の子を持つ親の立場からの、あくまで実体験に基づいた不登校論を書きたいと思い筆を執りました。

不登校関係の書は、不登校支援施設の指導者、精神科医、小児科医、教師等によって書かれたものが多くあります。時折、親の実体験を綴った著作も見かけるようになりました。もちろん当事者の方も書いておられます。

いろいろな著作を拝読してきましたが、内容的には〝不登校生をまっとうな人にする〟

といった内容に終始しているものが多いように思います。それは結局、そのような子どもをなかば強引に変化させるという方法論です。しかし私が今回執筆した目的は、不登校生そのものに焦点を当てるよりも不登校生を取り巻く社会のあり方に問題を提起するものであり、大きなポイントは不登校であった私の子どもとの親子体験記の要素も含めて、社会問題としての不登校に焦点を当てたかったからです。

不登校という社会現象が、単に個人的なものであるという視点から社会全体の問題として起こっているということを、さまざまな世の中の出来事をあげながら説明していきます。

私は、不登校という問題を俯瞰《ふかん》した時に、個別の不登校事象に対症療法的に欠点を改善したり、不足を補ったりするだけではこの問題は解決しないのではないかと考えています。つまり子どもや若者を取り巻く社会環境の変革といった、もっと根本的な視点に立って考えなければならないと思っています。

また、「不登校になることによって本人の心や体がどうなるのか?」「その家庭の母親がどうなるのか?」といった点にも言及していきたいと思っています。

おかげさまで、多くの問題はあったものの、今では私の子どもたちは成人して、親から独立して生活しています。子どもたちは本当にいろいろな経験をしてきましたし、紆余曲折があった人生を歩んできました。ただ、その経験を決してマイナスと受け取るのではなくプラスの出来事としてとらえ、前向きに過ごしています。不登校期間が長かったにもかかわらず、それを克服して今ではすっかり元気になっています。

考えてみると私たち親子にとっては長い経過でしたが、こういった経験があったからこそわかることがあると思うのです。

この本に書かれている内容は、学者や不登校の研究家が考えたものではありません。実際に体験をした人間が体験を通して素朴に感じたり、どうしても違和感や疑問を持ったりしたことをあくまで率直に、一般人の感覚で書いたものです。

書籍には、いろいろな方の立場で書かれているものが多くありますが、実際に不登校を子どもと共に経験してきた当事者ではない人が書いたものは、どれも不登校それ自体を好ましくない行為としてとらえているようです。もちろん「今現在、不登校状態にあり、いったいこれから、どのようにしていけばいいのか?!」と苦しんでいるご家族やお子さんの気持ちは理解できます。

非常に暗澹《あんたん》たる思いで過ごされていることは、私たち親子も経験しました。だからこそよくわかるのです。しかし、私は不登校が悪いことであるとは思っていません。

繰り返しになりますが、私はこの不登校問題は単独で存在しているのではなくて、社会のさまざまな事象が絡み合って起きる一つの社会現象であると考えています。そこが他の本とは違うところです。

本書を読んでいくうちに、もしかしたら独善的な感があると思われる方がいらっしゃるかもしれませんし、何かと異論があるという方もいらっしゃると思います。

ここに書かれているのは、現実としては実現が難しいことかもしれません。

でも、このような時だからこそ、私は自身の体験を通して初めて知ったことを、他の人にも少しでも知っていただくことで、不登校問題について何かを考えるきっかけになればよいと思い筆を執りました。

それだけ、不登校問題はこの社会で激増していて混迷を極めていると思うからです。

本書が現在、不登校である子どもさんやその親御さんに少しでも何らかの打開策になるヒントを見出せたとしたらこれほど嬉しいことはありません。

不登校を生み出す社会、不登校から救い出す家庭

目次

第3章 不登校はなぜ生まれるのか？

第4章 不登校生にとって必要なことは何か？

第5章 子ども、若者を取り巻く社会環境

第6章 今後の日本社会のあるべき姿

装丁　本澤博子
装画　iStock.com/hanabeni

第1章

不登校・引きこもりの現状

増え続ける不登校とその要因

いまや中学校ではおよそ1クラスに一人以上が不登校、小学校では77人に一人はいると言われています。２０２２年度は小中学生の不登校生だけで30万人近くいるというデータもありますし、コロナ禍を経てますます不登校問題は困難を極めています。

本書を手に取られた方は、不登校の現状についてある程度知っていらっしゃるかと思いますので、ここでわざわざ不登校生の数を詳しく書く必要はなさそうですが、まずは状況の確認をいたします。ネットで「不登校」というワードを入れるだけでも不登校に関する統計などがたくさん出てきますが、小中学校の不登校について示された表を載せておきます。

不登校状態にある人が、そのまま引きこもりになるといったことは多々ありますが、引きこもりの人の中には不登校ではなかった人も含まれています。これは８０５０問題と関係があります。普通の学校生活を送った後に就職した経験がある場合もかなりあるそうです。

不登校児童生徒数の推移

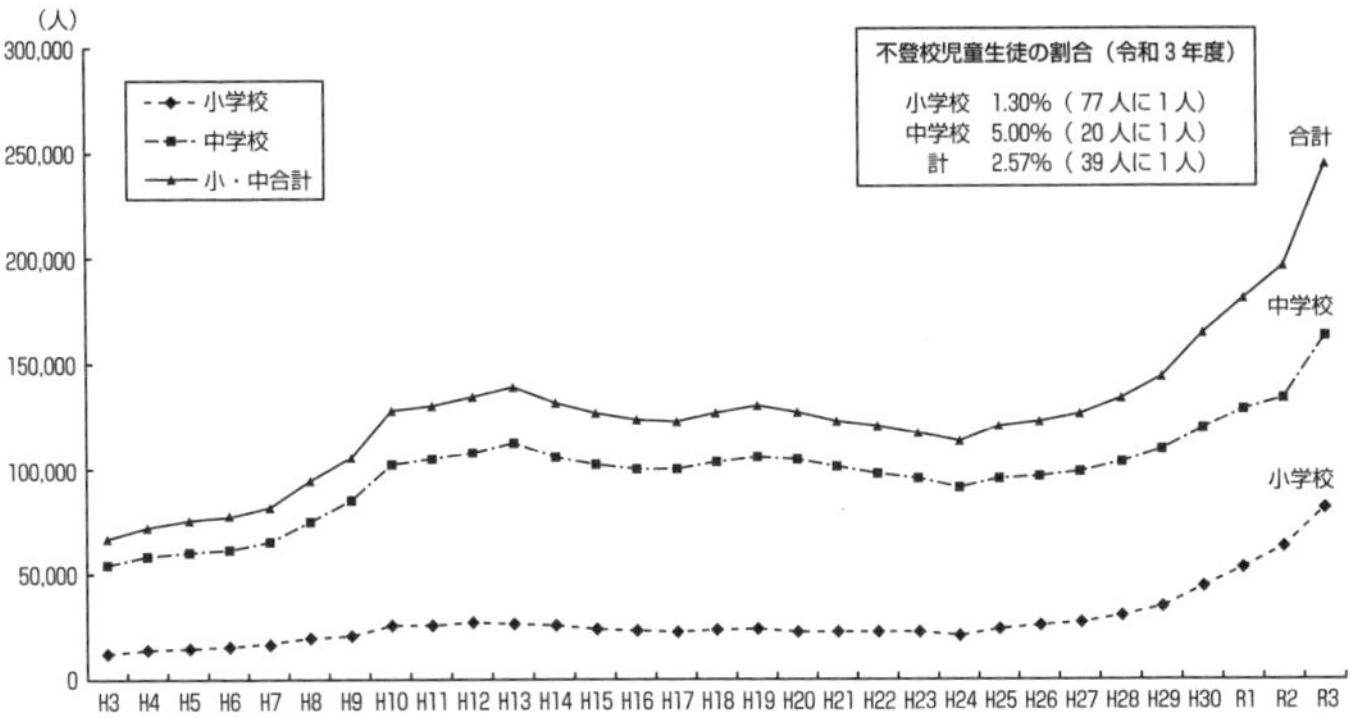

出所：令和3年度 児童生徒の問題行動・不登校等生徒指導上の諸課題に関する調査結果について　文部科学省

ただ一方で、不登校を経験した人の方が、していない人よりも引きこもりになりやすいことを示す統計もあります。やはり、不登校と引きこもりという二つの事象は、1セットになってしまう危険性があるということです。

では不登校になったその要因についての統計があるので次はそれについて見ていきましょう。

次ページの表にあるように、いくつもの不登校の要因がある中、中学生、高校生と一貫して「無気力・不安」という事柄が大きなウエイトを占めています。この「無気力・不安」という要因が、最も高い割合を占めている統計は、かなり前、少なくとも20年以上前から続いています。

ちなみにそれに次いで大きなウエイトを占めているのは、小・中学校では「生活リズムの乱れ、あそ

小・中学校の長期欠席（不登校等）の状況

不登校の要因（主たる要因として多いもの）

	人数	不登校児童生徒に占める割合
無気力・不安	121,796人	49.7%
生活リズムの乱れ，あそび，非行	28,749人	11.7%
いじめを除く友人関係をめぐる問題	23,741人	9.7%
親子の関わり方	19,712人	8.0%
学業の不振	12,759人	5.2%

高等学校の長期欠席（不登校等）の状況

不登校の要因（主たる要因として多いもの）

	人数	不登校生徒に占める割合
無気力・不安	19,977人	39.2%
生活リズムの乱れ・あそび・非行	7,610人	14.9%
入学，転編入学，進級時の不適応	4,777人	9.4%
いじめを除く友人関係をめぐる問題	4,623人	9.1%
選択肢に該当なし	3,890人	7.6%

出所：令和3年度 児童生徒の問題行動・不登校等生徒指導上の諸課題に関する調査結果について　文部科学省

び、非行」と「いじめを除く友人関係をめぐる問題」となっています。私は「いじめを除く友人関係」という点がちょっと意外でした。なぜいじめが不登校の原因にならないのかが、少し不思議な気がします。

このように、統計を見る限りではいわゆる「いじめ」よりも「無気力・不安」が不登校の原因として一番多いということがわかります。この「無気力・不安」については後に述べたいことがあります。

政府が行ったさまざまな不登校関連の施策

1990年頃から今に至るまで、毎年のように文部科学省による有識者会議などで不登校問題が話し合われ、その場で不登校支援のあり方や何らかの取りまとめが行われています。

その中で、比較的目につきやすい施策としては、スクールカウンセラーとスクールソーシャルワーカーを学校へ配置することがあげられます。また、構造改革特区の教育特区で株式会社立学校が設立された経緯がありますし、それとは別に不登校特例校という制度があります。

法律としては「教育機会確保法」（略称）が平成28年に制定されています。

つまり、いろいろな支援策が行われているにもかかわらず、現在の不登校を経験している子どもとその親には、実態としては過去と比較してもさほどの大きな変化はないようです。

ただ、それらの施策によって不登校状態から新たな再出発の道が開かれたという人が全くいないとは言い切れません。実際はそれらの恩恵にあずかることができた人もいたかもしれないのです。

しかし、毎年不登校生の数が確実に増えてきているのは何を意味しているのでしょうか。

その答えを私は用意しておりませんが、私はこれだけのことをやっていたとしても何か形だけやっているというか、かけ声ばかりな感じもするのです。ひとことで言うと、あまり不登校問題を是正するための効果的な方策をとっていない感じがします。もっと正直に申し上げると、どうも本気でやろうとする人がほとんどいないような気さえしています。

高度経済成長期からあった子どもの無気力

それでは一番不登校の要因となっている「無気力」について少し考察していきたいと思います。

かなり以前に「三無主義」という言葉が巷《ちまた》で流行っていたのを、年配の方は知っていると思います。それは、1950〜1964年生まれの人の当時の気質を三つの言葉で表した概念でした。

誰が名付けたかは知りませんが、「無気力」「無関心」「無責任」と三つの無がつく言葉で当時の若者気質を表していたものでした。「シラケ世代」とも言われ、それに加えて後に「無感動」「無作法」も入れられたので「五無主義」とも言われたそうです。それは、1970年以後の世相を表していました。

この頃は、まだ高度経済成長期で、戦後のどさくさの混乱期とバブルの二つの時代にはさまれていました。

突き放した他人事のように当時の大人たちは、自分たちの子孫である日本の若者をさんざん三無主義だなんだとこきおろしていました。どうしてこの時代に、若者に対して無気力などという失礼なワードがあがってきたのでしょうか。なぜ、若者が無気力や不安感に覆われたのでしょうか。

私には一つの考えが浮かび上がります。

もしかしたら、日本の若者は戦後から一貫してずっと無気力だったのではないか。というよりも、徐々にじわじわと無気力やら不安感やらが醸成されていったのではないかと感じられるのです。

戦後最初のお受験ブームと三無主義

実はこの「三無主義シラケ世代」の人こそ、戦後初めての受験戦争という厳しい時期を過ごしていたのです。

児童生徒の自殺の状況推移

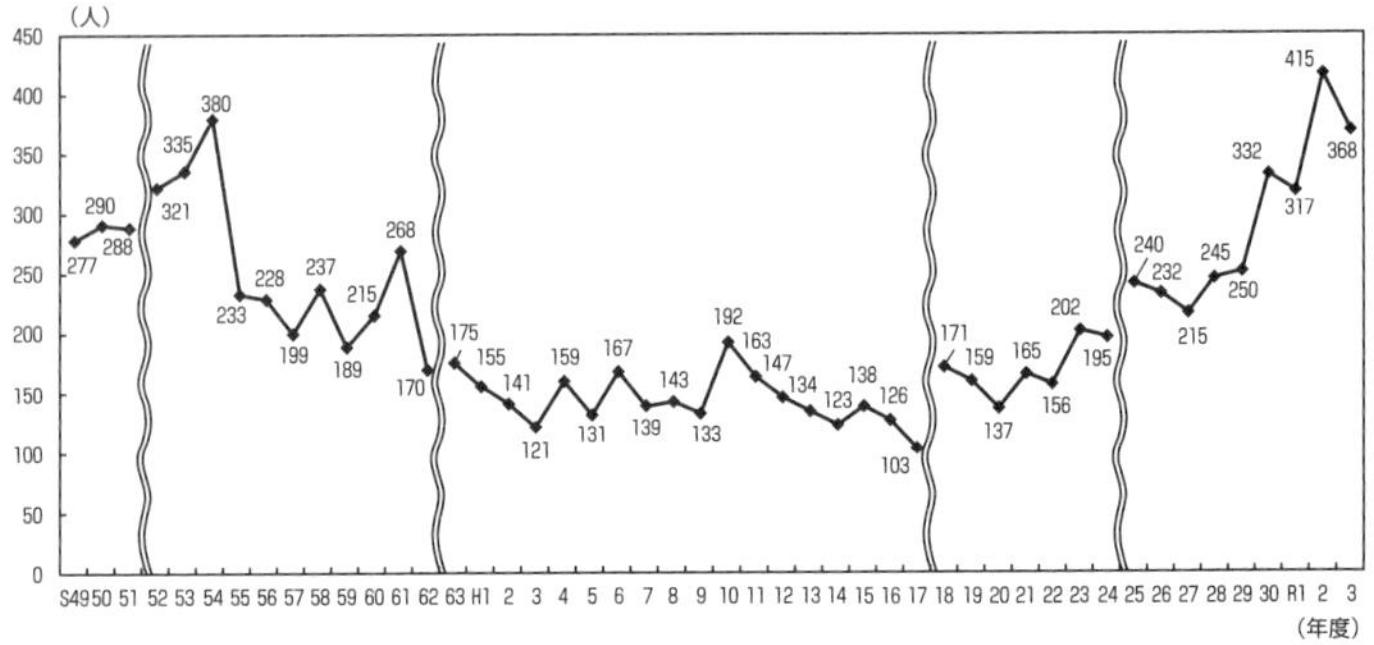

出所：令和3年度 児童生徒の問題行動・不登校等生徒指導上の諸課題に関する調査結果について　文部科学省

この時代の人たちは、厳しい受験戦争にさらされ、偏差値教育を受け、数値化された序列によって人間のランク付けが社会全体で行われた世代でした。そのことが無気力、無関心、無責任になった原因の一端なのではないかと私は思っています。少なくとも、こういった教育体制の中で過ごしていると、そうなっても不思議ではないように私には思えます。

ここで少し興味深い現象があります。

この時期（〝受験戦争〟と名付けられた一連の時代）の自殺の統計を見てみると、なぜか昭和54年に数が増えているのです。

この表を見る限りでは、昭和49年から上昇しています。昭和54年は日本で初めて大学入試で国公立大学共通一次テスト（マークシート方式）が実施された年です。

1960年代から大学進学率が急上昇して、特定の大学や学部に志望者が集中した時代でもあります。学力選抜が激化したのと同時に、珍問難問も出題されたそうです。

終戦から短期間で経済大国へと変貌を遂げようと、日本が経済面での成長に日夜邁進していた時代、激動の時代であったわけです。短期間のうちに国民の所得が増え、いわゆる一億総中流社会と言われる社会を生み出すまでになりました。

多くの人が高学歴志向となり、それにともなって受験産業が活況を呈し行き過ぎた受験のあり方が問題となった時代でもあります。

そのような受験戦争を緩和するために、このような新制度（共通一次テスト）を取り入れた一方で、なぜか以前よりも試験が難しくなったと言う人たちもいたそうです。受験戦争を緩和するのが目的で行われたというのに、何とも皮肉な事態になってしまったのです。

それまで（昭和53年まで）の受験体制ががらりと変更されたので、さまざまな混乱で受験生や若者たちへ精神的負担が大きくのしかかったことは容易に想像できるでしょう。いつの時代も教育体制が大きく変更されるたびに、そこにいる子どもや親が割を食うようになってしまうものです。

この時代に遭遇した当時の若者たちが「三無主義シラケ世代」と名指しされたのです。

自殺者がこの時代に多くなったのは、一つの理由としては受験戦争での精神的不安や過度のストレスも影響したと考えられなくはないでしょうか。

この「三無主義世代」の後には、冒頭の不登校の要因である無気力感や不安感といったネガティブな感情がいっこうになくならずに継続します。

「三無主義」も無気力というネガティブなワードが入っています。前に述べたように、無気力感だけではなく不安感もじわじわと醸成されたのに加え、もともと一貫して無気力だったように私には思えるのです。

つまり、大人たちは三無だとか、いろいろな言い方で表現しますが、私は戦後一貫して若者の精神の根本は同じ心性を持っているのではないかと思っているのです。

わが家の子どもも不登校になった

これも前述しましたが、わが家の子ども2人（娘と息子）も不登校の洗礼を受けました。

私たち家族は、夫の仕事の関係で引っ越しをたびたびしなければならなかったので、子どもたちが情緒不安定になったことは否めません。

10年のうちに6回も転勤があり、私たち夫婦も子どもも落ち着いて生活はできませんでした。それも近所ではなく、それぞれ遠く離れているところからまた別のところへと住まいが変わったので、地域性もがらりと変わりました。

その地域に溶け込もうと努力したりするも、慣れたとたんすぐまた引っ越しです。そのような生活では、子どもに対してじっくりと向き合うことができにくかったかもしれません。実は不登校で2人とも一緒に家にいた時期もありましたし、それぞれ7年間ほども不登校でした。

しかし、今では2人とも成人し、社会人になって親から独立して家を出ています。娘は一昨年に結婚して、夫婦2人で一生懸命に力を合わせ、働きながら生活をしています。2人とも不登校の経験を逆に生かすような前向きな生き方をしていますので、私は今、何も心配することはありません。

不登校になった決定的な原因は、はっきり言ってよくわかりません。これは不登校の経験者が皆だいたい口をそろえて言うことです。一人ひとりの個別の原因というのは、はっきりとわからないことも多いのです。これは、学校の先生も同じことを話していました。

次章からは、不登校の原因などについてさまざまな角度から考察していきます。いろいろな視点に立って不登校現象を紐解いていきたいと思っています。

第2章

2人の子どもは、どのようにして不登校から抜け出せたか？

不登校から抜け出した理由を探る

不登校だった私の子どもたちがなぜそこから抜け出せたのか。

今までの娘と息子の幼少の頃からのことを一つひとつ記憶をたどりながら思い起こしてみました。すると、すっかり忘れていた記憶が意外にも次々と浮かんでくるではありませんか。

ここまで記憶をたどってきて少し頭を整理してみると、第2章の問いの答えが出たように思います。不登校を回避するための決定的な手段とは言えませんが、少なくとも私の家族の場合はこのように過ごしていたということです。

これから記す内容は、あくまで私たち親子がどのように過ごしていたかを書いただけであって、他の人がそうすれば誰もが不登校から抜け出せると言っているのではありません。ただ、参考になるのではないかと思います。

それでは私が今まで子育てをしてきた中で思い出したことや気づいたことをあげてみます。

①なるべく笑いのある生活をした

子ども2人それぞれ7年間もの不登校期間でした。やはり、最初のうちは将来に対する不安感やあせりでどん底にいるような、それはもうこの世の終わりかというぐらいの暗い気持ちで過ごしていましたが、だんだんと考え方が変わりました。

暗い気持ちで過ごそうが明るく過ごそうが、すぐに今の問題の打開策が見つかるわけではないとわかったので、それならば楽しく過ごす方がよいと心に決め、わが家流のネタを作ってなるべく笑うことを実践しました。クスッと笑う程度のものでしたが……。

私たち夫婦はどちらかが帰宅すれば、「ただいま！」とは言わずにクレヨンしんちゃんよろしく「おっかえりい！」と言ってドアを開けて帰宅していました。「おっかえりい！」と入っていったら、部屋にいる人が帰宅した人に「たっだいまあ！」と声をかけるのです。

お行儀は悪いかもしれませんが、ご飯を食べる時も「いただきマンモス！」と言って、食べ終わると「ごちそうさまでごぜーますだ！」とふざけて言っていました。

このように、何でもよいので笑いの起こる場面を作っていました。笑いは免疫力を上げるという説がありますし、私たち家族はお笑いの偏差値はかなり高いと思います。

②本の読み聞かせで国語力がついた

あくまでこれは私の推測ですが、娘は赤ちゃんの頃に夜泣きがひどかったため、毎日絵本の読み聞かせをしたことが功を奏して国語力が身に付いたのではないかと思っています（生後1か月から3歳になるまで完全に習慣になってしまい、ほとんど1年365日、一日も欠かさずやることになってしまいました）。

また、言葉づかいについても、子どもたちになるべく話しかけるよう心がけたとは思います。それも、大人同士の会話で使うような単語を使って話す場合が多かったと記憶しています。決して2～3歳の頃に赤ちゃん言葉を使っていなかったという意味ではありません。

娘に読み聞かせをしたといった点に加えて、それに関連した事柄を少しお伝えしたいと思います。

これは私のしみじみと感じる体験から出た考えです。子どもは「親の背中を見て育つ」と言います。子どもは学校に行っているとは言っても、子どもと親は多くの時間を共にしているのです。その親がいろいろな言葉を使って子どもと接すれば、子どもには必ず多大な影響を与えることになるのです。悪い言葉を使っているとそれと同じ言い方をするようになります。当たり前のことかもしれませんが、良くも悪くも親が話している言葉をよく覚えると言いたいのです。

上から目線で申し訳ないのですが、親御さんができるだけ語彙を増やして子どもさんに話しかけてみるようにして下さい。今まであまり本を読んでこなかった場合は、何か好きな分野の本を読むことをおすすめします。本を読んでいろいろと勉強すれば、教養が身に付くだけではなく、国語力も身に付きます。

今からでも遅くはないのです。国語力というのは、ある程度高年齢になっても習得できて、歳がいっているから無理だとは思わないで下さい。

私は個人的には年齢に関係なく、いくつになっても勉強すれば国語力が身に付くものだと思っています。今からでもぜひお子さんと一緒に本を読むのをおすすめします。子どもは親が本を読んでいる姿を見ていると、自然と親と同じようにするものです。そうすることによって子どもは言葉を覚え、ひいては国語力が身に付きます。身に付いた国語力が不登校の子どもにとっては、あとあと何らかの形で必ずよい影響を与えるはずです。

③好きなこと、得意なことを見つけた

子ども本人が好きなものを知って、得意なことを見極めるよう努力しました。

大概の子どもには何かしら好きなことがあるものです。だから、好きなことから得意なことに発展するように、習い事でもよいし、もし経済的に物理的に可能なら親子で一緒にやってみるのもよいと思います。

④できることの選択肢を、複数持つようにした

不登校の子ほど、将来にわたる選択肢を複数持つようにすることが大切です。

例えば本人のできそうなことで、かつ好きな分野の勉強をするように促して、それに関係する資格を複数取得するとか研究してみてはどうでしょうか。

なぜ一つではなく複数なのかというと、一つだとそれが、何かの理由でダメになってしまっても、他にできることがあれば安心だからです。それにいくつも物事ができたという達成感があり、それによって本人の自己肯定感を高めることができるからです。

⑤何かを決める時は本人の意思に任せた

本人が進みたい道が決まったり、入学したい学校がある場合は、提案したり忠告することはいいのですが、できるだけ本人の選択に任せること。親が横からあまり茶々を入れない方がよいです。

私も、通信制高校に入学した娘が高校3年生の時に福祉の受験資格を取得できるコース

を選択したことが後々になって気になり、その理由を聞いてみたことがあります。

すると、「自分自身の将来に対する不安が非常に強かった」「何かしらの資格があれば仕事につながると思った。手に職をつけたかった」「少し前にアルバイトをした時に、人と接することが好きだとわかった」ので福祉の受験資格をとれるコースを選んだと言っていました。

ところがもし、親である私が「低賃金で社会的ステータスが高くはないからその勉強はやめた方がよい」などと言ったらどうでしょう（誤解のないように言いますが、私は福祉の仕事は社会において欠くことのできない重要、かつ素晴らしい仕事であると思っています）。まわりの大人がいろいろと難癖をつけたりすると、本人のやる気をそぐことにもなりかねません。そんなことを言われたら、本人は混乱して何の資格取得の勉強もしないまま卒業していたことも十分に考えられます。

ただし、一つだけ高校生活の中盤になった頃に忠告したことがありました。

それは、「この先将来、社会へ出た後に急に何かの勉強をしようと思った場合や、何かの資格をとりたいと願っても、その道には大卒の条件がいる場合がある」ということ。それだけ伝えました。それは、知識がなかった、知らなかったでは済まされない事柄だと思ったからです。

子どもに正確な情報をしっかりと伝えるのは大切なことです。しかし、親の意向や偏見を子どもに押し付けてはいけません。

とにかく本人がやる気になっていることがあれば、たいていのことはやらせてあげるのがよいのではないでしょうか。

少し余談になりますが、例えば、夫の職業が○○でその職業を受け継いでほしいと夫婦が願っている場合でも、私たち夫婦は子どもに対してそのことを全く口に出さなかったと断言できます（この○○には人によっていろいろな職業名が入ります）。

ただでさえ子どもは、親が口に出さなかったとしても、親の気持ちや願望が親子関係の雰囲気の中で期待をかけられていると感じ、重荷になったりすることがあるものです。

何も親が悪いと言っているのではありません。それぐらい子どもは敏感で親の気持ちを察知することもあるということを知っておいた方がいいと思うのです。

親が言葉の上では押し付けたり何もしていなくても、場合によっては親子関係がギスギスしたりする場合があるので、親子というのは一番、密接な関係であるがゆえに非常に難しいものがあります。この紙面で書けるほど単純なものではないかもしれません。

⑥できるだけすぐに子どものために動けるようにした

可能であれば母親が運転免許を持ち、何かあればすぐに車で目的地へ走らせることができるのがよいと思います。それは、不登校の子はしばしば電車に乗ることができないこともあるので、目的地へ行くという大事なチャンスを逃さないためです。

ここで一番の問題は、不登校の子どもさんがおられる方の中には当然、夫婦で忙しく働かれているご家庭もありますし、一人親家庭の方もおられるということです。どうしても子どもと行動を共にする時間がとれないという親御さんや、経済的に車は持てないという方もたくさんいると思います。

こういったご家庭には公的な何らかの経済的な補助をする必要があると思います。高齢者福祉では一人で病院に行けない人にヘルパーさんが付き添える福祉サービスをはじめ、いろいろな福祉サービスがあります。ところが、不登校家庭に福祉サービスがあるという話は聞いたことがありません。不登校家庭にも、経済的援助や何らかの配慮が必要であると思います。

⑦本人の自尊心を傷つけなかった

当たり前のことですが、本人の自尊心を傷つけないことです。例えば、人前で本人が恥をかくようなことを言ったりしてはいけません。

⑧親の失敗談を話した

父親や母親の失敗談を話したり、親が子どもの頃の話や祖父母の話をするのもよいことです。例えば祖父母世代の戦時中の話など、本人が全く知らない家族のことについて教えるのも貴重だと思います。

⑨幼い頃にはできるだけ旅行や遠出をした

考えてみると、わが家では特別な理由もなくよく遠出をしていました。主人が旅行を好きだったからだと思います。うちの場合は、娘と息子が不登校になる前の幼少期は、遠方の主人の両親の家や私の実家へよく出かけていましたし、旅行にもよく行っていました。

不登校になって引きこもり状態になった後でも、後々に社会復帰ができた一つのきっかけは、もしかしたらいろいろなところへ行った経験が功を奏したのかもしれません。

これは後付けかもしれませんが。

⑩学校に代わる居場所や、人との関係性を作った

不登校になってから数年もかかりましたが、娘も息子も学校とは違う居場所に出合えたこと、そしてそこへ通えたのが救いでした。

実はこの子どもの〝居場所（時にはフリースクールも含めて）〟が非常に大事だと、私は考えています。

当時はまだインターネットが今ほど普及していなかったので、居場所を探すのも大変でしたが、スマホが当たり前になっている今は、少しは見つかりやすくなった感じがあります。

この、わが子にとっての適した居場所が見つかるかどうかが、大きな分かれ道と言っても過言ではないと思います。しかし、公的機関で不登校の子の居場所について相談できるところは非常に少ないそうです。

どうかお子さんのために、本人に合った居場所を見つけてあげてほしいと願っています。

第3章

不登校はなぜ生まれるのか?

この章では、不登校を生みやすい家庭・教育・社会環境等について考えます。私自身の経験から、わが家のあり方について反省と、周囲の人を観察していて気づいたことから出た考えです。

不登校を生みやすい家庭環境とは？

①日々の生活習慣（起床、就寝、歯磨きなど）を身に付けられない家庭

このタイトルを見ただけでいやな気持ちになる方がおられるかもしれませんが、自分の子育てにおいての体験で素朴に思う内容を書きたいと思います。

人は習慣の動物であると言われています。良きにつけ悪しきにつけ、人は繰り返し行われたことは、必ずと言っていいほど習慣づけられるようです。ですから、不登校になりやすい何かしらのバックグラウンドというのがあってもおかしくはないと思います。

朝の日課であるような起床、歯磨き、洗顔、朝食……。そういった諸々の生活習慣がほとんど身に付いていない場合や、一日中だらだらしているため、夜はいつまでも起きていて朝は起きられないといった生活習慣の場合を考えてみてはどうでしょうか。そういった

習慣をつけてしまうと、不登校になりやすいというのは、容易に想像できます。

私たち家族は10年間で6回の転勤による引っ越しをしたために、日本のありとあらゆる場所への移動をしました。それによって落ち着く暇がなかった生活でしたので、立派な生活習慣を完璧に身に付けられたかと言えば、ちょっと首をかしげるところです。

その意味では、うちは不登校になりやすい家庭環境であったと言えます。私が子どもたちをうまくしつけてあげられなかったのでずっと反省していますし、これは実体験から出た気づきです。ある程度、きっちりとした生活習慣が身に付いていないとだらだらとしてしまい、子どもは楽な方へ流れるので夜更かしや朝が起きられないといった事態になります。規則正しい生活習慣を身に付けることは、思いのほか難しいものです。

しかし、そういったことが不登校の引き金になるので気を付けていただく方がよいと思います。

②本人の意思ではなく体裁を気にし過ぎたり、他人と比較する家庭

わが家では子どもの進路は本人に任せると書きました。しかし、息子が通っていたオルタナティブスクール（不登校生を対象としたフリースクールのような学校）の生徒さんの中には、進路がらみである共通する悩みを持つ親御さんが多くおられたのです。

ある親御さんは、偏差値の高い学校へ入学させようと、一生懸命に自分の子どもを受験勉強させていました。ところがそのお子さんは、受験勉強をしたくなかったのです。もちろん、勉強が好きで一生懸命やっているのをまわりの大人がやめさせるようなことはしてはいけませんが、だいたいの子どもは受験勉強が好きではないと思われます。

そういったことが引き金になって不登校になってしまったお子さんが多くいたのです。ただ親は自分の経験もありますし、大人の目で物事を見ていますから、偏差値の高い学校を卒業させて安定した職業に就かせたいと願うのは、自然な親心というものです。

しかし、学校でよい成績をとって卒業して、よい企業へ就職して、よい○○をして……とエンドレスに続く欲望のスパイラルへ入り込んでしまうと、子どもは精神的に大きなストレスを抱えてしまうのです。

「誰々さんは○○という学校（企業）へ入学（就職）したのに、うちの子は○○だからダメだ」などと言って他人の家庭や子どもと自分の子どもを比較して一喜一憂したりしてはいけません。一人ひとり違う個性を持っているので、そういう比較は意味のないことなのです。親の方もそんなことを思ってばかりいたら苦しくなるだけです。言ってみれば、自分で自分の首を絞めるようなものです。

ただし建設的な比較は可です。例えば、「○○ちゃんは絵が上手だけど、○○ちゃんは走るのが速い」などです。とにかく本人のありのままを受け入れた上で長所や短所、向き不向きを考えて得意な面を伸ばしていくのが一番です。誰しも好きなものはありますし、「好きこそものの上手なれ」と言いますからその子の長所やできることに目を向けて下さい。

ここで誤解のないように書きますが、学校で行われている勉強は社会へ出るための大事な基礎固めです。言うまでもなく、基礎学力は大切なものです。ここで問題としているのは、あくまでも偏差値至上主義による偏った受験システムについてです。

③親が子どもの心の支えになれない家庭

今の時代、特に子どもにとって頼れるのは、親だけです。ですから家がお子さんにとっての安住の地であるよう、どうか過ごさせてあげて下さい。子どもにとって、心の支えになってくれる親が必要なのです。極端かもしれませんが、自殺をする若者がここ数年激増しているとのことで、そうならないためにもできるだけ日頃から親子の間の対話は必要です。

ところが実際にはこの対話というのが難しいわけです。何を話したらいいのかと困る方もおられるでしょう。また、多忙な毎日のルーティンに追われて、落ち着いて話す余裕などなかなかないかもしれません。

それで一つの提案です。

親子で同じ趣味を持つ（例えば、父親と息子で野球好きなら一緒に野球観戦に行くとか、お母さんと娘さんが芸能人の同じ人のファンなら母娘でコンサートに行くとか）のも有効です。一緒に同じことを楽しんでいるうちに心の交流があり、一体感が芽生えるものです。むしろ対話以上の教育的効果があるのではないでしょうか。

もう一点、対話をすることに通ずるある重要なことがあります。最近、子どもは褒めて育てるのがよいかどうかで論争があったようです。

私は子どもの頃に6年ほどピアノを習わせてもらいました。手前味噌で申し訳ないのですが、それほど長い期間ではないのにそれなりに上達しました。

習っていた子どもの頃からしばらくは、ピアノが上手ではないと思っていました。やめたのも上手でないと思っていたからです。しかし、大人になってインターネットで調べたり、働くようになってからまわりを見渡すと、私のピアノのレベルは6年間ではなかなか到達できないレベルであったことを知りました。当時は、ピアノを習ってどれくらいの期間でどれくらいピアノの技術が上達するのかを知る術《すべ》もなかったので、自分のレベルが全くわからなかったのです。

両親にも、あまり好きではなかったピアノの先生にも、「上手だ」とか「うまい」と言われたことは一度もありません。褒められたことが一度もなかったのです。思い返すと、他のことでも私は両親から褒められたことは一度もないのです。

自分が大人になって子どもができた後に、叔母から何かの折に突然「〇〇ちゃんは（私のことです）ピアノが上手だから、人に教えればいいのに。何で教えないの？　やらないなんてもったいない」と言われたのです。その時は、叔母の言葉を単なるお世辞と思って聞き流していたのですが、後でよく考えてみると、叔母が本心から言った言葉だとわかりました。その叔母の言葉は今でも自分の頭と胸に鐘が鳴るように鳴り響いています。それはもう私にとって、珠玉の宝物となっているのです。

「褒め言葉」という素晴らしい珠玉の宝物をくれた叔母には心から感謝をしています。この紙面を借りて「本当にありがとうございました！」とお礼を言いたいほどです。

インターネットでの誹謗中傷が問題になっていますが、「悪口」は噂レベルで多くの人に広まるものです。本人の耳に入る頃には、みんなが知っているということも多いのではないでしょうか。

一方で「褒め言葉」はなかなか広まらないものですし、他人を褒めるという行為自体、普通の人はしないものです。褒める場合は、何かの下心があったり、企みがある場合が多いものです。本心から他人を褒めている人はほとんど見たことがありません。でも、家族は別です。本心から褒め、伝えることができます。褒められたことで、子どもは確実に自信がつきます。

親やまわりの人に褒められる経験＝賛辞は嬉しいものなのです。よくがんばっていると思えるものや、称賛すべき行動については、親として褒めてあげて下さい。

ただ、年がら年中、褒め続けていたら子どもが不信感を抱いて、かえって逆効果になりますので気を付けて下さいね。

加えて、基本的なことですが、家庭は子どもが安心して過ごせる基地のような役割を果たします。家庭にＤＶがあった場合は、つまり父母の関係が非常に悪いと子どもが安心して過ごせなくなるので不登校になりやすい面はあります。

ただ、人間には長所と短所があり、誰も聖人君子のような人はいません。こんなことがあったらダメ、あんな人はダメと一つひとつあげていたらきりがありません。人はそれぞれがその環境からいろいろなことを学んで成長していくのだと思いますので、これ以上のことは書きません。しかし、ＤＶがある環境ですと、不登校はかなり発生しやすいのは事実です。

④親の貴賤意識によって仕事や就職先を優先する家庭

ここで言う貴賤意識とは特定の職業を指すものではありません。子どもを何としてもよい学校に入れて、よい会社に就職させて、安泰な生活を送らせたいと願うのは、親としては当然の感情です。

しかし、必死で子どもを親の描いた受験のレールに乗せて行きついたところが、結局は不登校であったり、親子関係にひびが入ったり、人間不信に陥ったりなどといった問題もよく耳にします。うまく受験のレールに乗せて、親の希望に相応しい職業に就かせたとしても、後々になって思わぬとばっちりを、わが子からくらう場合もあります。これは、表面的にはわからずとも子どもが将来、潜在的な部分で鬱積して親へ何らかの攻撃をする場合です。

そこまでにならなかったとしても、創造力のない画一的な大人になってしまう恐れがあります。

学者や特定の職業に就くために厳しい受験勉強をしなければならない場合ももちろんあるでしょう。でもそれは子どもが望んだ場合です。受験勉強ばかりさせるのは、子どもにとって悪い面がたくさんあるように思います。

現在進行形で不登校のお子さんがおられる親御さんは、どのようにしてわが子を巣立たせることができるか、心底悩んでおられて苦しまれているのはよく理解できます。

そのご心痛はいかばかりかと思います。

しかし、子どもはある程度の年齢になると親から自立したいと思っていると私は思うのです。そういう気持ちが自然と湧いてくるのだと感じます。

「親離れ」「子離れ」という言葉がありますが、実際は子どもの方が（実際に独立するかしないかは別として）早々に親から自立したいと思っているのではないかと思います。ところが、親が子どもを手放したくなくて、子離れできないのではないかと思うのです。

一例として、不登校とは縁のない家庭でも、子どもが結婚や独立した時に遠くには住まないでほしいとか、寂しいから近くに住んでほしいなどという親がいるではありませんか。

本来は、子どもの方が親から自立したいという気持ちがあるので、自立してやっていけるだけの力をつけさせてあげるのが親の大きな役目なのではないかと思うのです。

ですが、その自立してやっていける力は一足飛びにはつきません。外堀から攻めるように少しずつ、あせらずにまず子どもさんの居場所を作るところからやってあげて下さい。

不登校を生みやすい教育環境とは？

①子どもを学校で画一的な枠にはめ込み、個性に合わせた教育を行わないこと

前述しましたが、不登校の原因で一番多いのは、生徒の無気力・不安です。ただ、小学生から高校生の女子で不登校になった多くは、今、特に問題になっているいじめや仲間はずれなどの友達関係が絡んでいる場合が多いと聞きます。男子生徒よりも女子生徒の方がこのような悩みを持つことが多いそうです。

ここでは、いじめが起こりやすい一つの事象を述べたいと思います。

昔から入学シーズンになると皆さんは「友達100人できるかな……」といった歌のフレーズを思い出しませんか。幼稚園などの卒園式や小学校の入学式などでよく歌われる歌です。

歌のタイトルは『一年生になったら』ですが、歌詞の内容は「小学校に進学して100人の友人を作り、100人と自分で楽しいことをやりたい」というものです。こうした歌の歌詞にもあるように、私たちは幼稚園から小学校への入学あたりから「たくさん友達を

作るのがよい、皆と仲よくしなさい」といった空気感の中で、知らず知らずのうちにこのような価値基準を刷り込まれるようになるのです。

人には外交的な性格や内気な性格の人、話し好きな人、一人が好きな人、さまざまです。にもかかわらず、こうあらねばならないと十把一絡《じっぱひとから》げに人を型に押し込める傾向があります。こうなると潜在的に「たくさん友達を作る子は良い子である↓たくさんの友達を作らない子は悪い子である」といった図式が成り立ってしまいます。そしてそのセオリーが正しいとされ、もし自分がそこから外れたとしたら大問題だと危惧し、常にストレスを抱えなければならないのです。

このことを単純に肯定する考えの人もいるのでしょうが、多大なる疑問を感じずにはいられない人もまた存在します。このような大人の作ったお仕着せの空気感の中から排除された子どもたちが、不登校への扉を開くことになるのではないでしょうか。

他にもいくつか仲間はずれやいじめが起こりやすいメカニズムはありますが、不登校の第一の原因が「無気力・不安」となっているので、いじめに関する内容を取り上げるのはここまでにしたいと思います。

不登校を生みやすい教育システムとは？

①お受験の過熱と極端な効率化

ここから書くことが、不登校と直接どのように関係があるのか疑問に思われる方が多いと思います。しかし、私は不登校問題を引き起こす遠因になりうると考えています。

まずは、最近はお受験熱が過熱してきているということ。駅でも塾の広告が以前にも増して大々的に出されています。街の中にも塾が増えています。ゆとり教育から一転して学校での学習量が増えたことで、どこかで勉強を補うために塾産業が活発化した面があるでしょう。

加えて、世の中の将来に対する得体の知れない不安感や閉塞感が増してきた結果であると思われます。ですから、私は子どもを持つ保護者の多くの方々に対してお受験熱が帯びてきたからといって、それに乗ってはいけませんと明言するのはためらってしまいます。

とはいうものの、これから述べることにどうか耳を傾けて聞いていただけませんでしょうか。

「戦後最初のお受験ブームと三無主義」でも述べたように、1950～1970年頃、日本社会では戦後最初の受験熱が高くなった時代がありました。猛烈な受験ブームの到来です。

それを物語るに相応しいエピソードがあります。私の80歳になる叔母からあるエピソードを聞きました。当時、化学調味料が世の中に出始めた時で、さまざまな料理に使用されるようになりました。実は、料理をおいしくするためではない使われ方があったというのです。化学調味料をとると頭がよくなるという説が広まったそうです。受験生を持つお母さんがここぞとばかりに、薬包紙に化学調味料を入れて息子に飲ませていた家庭があったと聞きました。

今ではとても考えられないことかもしれませんが、当時はそのように信じていた方もいたそうです。そこまでして合格させたいとは、受験戦争恐るべしです。

考えただけでぞっとするようなエピソードですが、この話を笑って聞けるでしょうか。時代は変われどもそのような受験熱は形を変えて今も起こっているように私には思えます。

ある学校では、そこの学校のネームバリューを維持するために、高学力な生徒を選別する方法として、子どもにはとうてい解けそうにない難解な問題を出題します。

電車の広告に「この問題が解けますか？」というようなものがあり、よく見るとどこかの進学校の入試問題でした。私には、クイズ問題を難解にしたような問いに見えます。小学校前の子どもや、中学に入学する前の子どもに、そのような問題が解けるようになったところで、その子の頭が本当によくなると言えるのでしょうか。疑問に感じてしまいます。

たしかに学力は言うまでもなく大切です。社会に出て働いていくためには、どのような仕事でも基礎学力は必要ですから、きっちりと身に付けなければなりません。

ここで基礎学力という言葉が出てきました。これから後述することと一見矛盾しているように感じるかもしれませんが、この基礎学力を身に付ける一つの方法があるそうです。それは、低年齢の時から国内外の名文を素読《そどく》させるというものです。するとその子どもの体に語感というか、言葉がしっかりと浸透していくと言われています。

例えば、「論語」を子どもに読ませるのがよいという人もいるそうです。一説には素読というのは、その文を丸ごと覚えることを指します。これは基礎学力をつけさせる方法であるわけですが、その方法が万人に向いているかどうかはわかりません。ですが、簡単に言うと悪い意味での丸暗記や、受験のテクニックだけを身に付けるのとは、全く意味合いが違うそうです。つまり偏差値の高い学校へ行くために、受験テクニックを苦労して身に付けることと、本当の意味の学力を身に付けることとはイコールではないと思います。ただ、予備校の中には、いかにして理解させるかを徹底的に考えて、一番良い方法を見極めた上で生徒に教えているケースがあるのは知っています。ですから、一概に全ての受験が問題であるとまでは言い切れないのです。

とはいえ、受験システムは基本的には、入学試験を難解にして、ひっかけ問題を作ったりして、人を落とすための試験となっています。私はこういうことが本当に子どものためになるのか、と非常に疑問を感じざるをえません。

では、どのような教育方法が子どもにはよいのか。教育方法を論じる前に昔から思っていたことがあるので述べます。あくまで私見であることをご理解下さい。

私は、先生が決めたことをただ聞いて理解して覚えるという、強いて言えば、一問一正答式なやり方に少々異を唱えたいと思います。

今までの教育のあり方は、教えられる側に「疑問」の余地を与えないということが、一つの特徴となっていると思います。ここで言う「疑問」とは、どちらかと言うと「先生の言っていることがわからない」といった消極的な疑問よりも、「先生はそう言うけれど、私はそのことについてはこういう疑問を抱きます」という積極的な疑問を指します。

つまり今までの教育は、教えられている内容に対して具体的な「疑問」を持つまでもなく、ただ言われるがままに、ひたすらそれを覚えるだけのものだと言いたいのです。

たしかに物事をマスターするということは繰り返し書いたり、言葉に出して覚えながら習得していくしかありません。先ほど素読がよいと書きましたが、誰もがやってきた勉強方法として筆写があります。やはり、これはこれで必要なことです。科目によっては、このような方法をとらざるをえないこともあるでしょう。しかし、それだけをやって知識を覚えるだけで本当に学習の基礎が身に付くのでしょうか。特に歴史の授業の時には、フランス革命が何年かといった年号をたくさん知っていても、それで歴史を学んだとは言えません。一つの流れとしてとらえるというか、物語性をもって覚えるやり方でないと知識は定着しないと思うのです。

そのことも含めて、疑問を入れさせない教え方で教える側から教えられる側へと一方向だけに行われていると言いたいのです。こんな例があります。ある中学生が先生に質問をしました。ところがなんと、その先生は「その質問はよくない質問です。試験や受験には関係ないことだからそんな疑問は持たないで下さい。もっと役に立つ質問をして下さい」と言ったというのです。

あるお母さんは、学校に小説などの感想文を書いて提出する場合も、こんな感想を書いたら先生が難色を示すのではないか、ダメ出しをされるのではないかといつも忖度《そんたく》してしまうと言っていました。

子どもに「疑問」を持たせる教育や自由な発想をさせないということです。これでは子どもが「考える」ということができなくなってしまいます。

こういった問題を受けて、2020年から「アクティブラーニング」という主体的・対話的な深い学びを取り入れた授業を文部科学省が実施して現在学校で行っています。しかし、実際にはただ生徒同士が口々におしゃべりしているだけで終わってしまったり、イニシアティブをとる生徒ばかりが意見を言ったりで、大人しい生徒は話せなかったりすることが多いと聞きます。こういう討論をする場合は、教師がファシリテーターとしての役割をしっかりやらなければうまく話し合いが進みません。それなのに、生徒に丸投げして教師はほとんど何もしない現状があると聞きます。つまり、本来、皆で話し合って学習を深めることが、ちゃんと機能していないのではないかと思います。

「アクティブラーニング」はアメリカのハイスクールや大学などで行われているリベラルアーツ教育を日本にそのまま取り入れた手法だそうです。ですが、そもそも日本とアメリカでは国民性や国の成り立ちからして違いますので、同じことをしてもすぐにうまくいくとは限りません。おまけにアメリカの教師は皆が教育系の大学院まで出ていて、その期間に生徒に対する授業の訓練も相当やっていそうですし、日本の教育系の学校とはかなり違うように思えます。「アクティブラーニング」そのものが良いとか悪いとかの問題ではありません。日本でそれを行うにはなかなか難しい面があると言っているのです。

話を戻しますが、皆さんは「考える」とは、どういうことを具体的に指すと思いますか。

どのようなことをしたら「考えた」と言えるのでしょうか。物事にいろいろと疑問を持つこと自体が考える行為なのだと言えないでしょうか。

私の答えは「疑問＝考える」です。そうすれば、「アクティブラーニング」ではありませんが、子どもが授業などで素直に疑問を投げかけたり、質問したりと、自由な発想ができる雰囲気を作ればよいと思うのです。

今は、先生が教えられる側の子どもに一方的に問いかけをする。そして子どもが、先生はこういう答えならば好むであろうと忖度して返答してしまう場合も十分に考えられます。要するにそのようなお決まりのやり方を改めればよいのです。

ただ、いろいろと皆で疑問や質問を投げかけていると、授業中に誰かが言った疑問をきっかけに、たくさんの子どもが口々に話をするようになることは大いにありうるでしょう。授業が、収拾がつかなくなることがあるのは目に見えてわかります。授業の進め方に熟練したスキルや高い指導力が必要となってくるでしょう。現実的には解決すべき問題が多くありそうです。

今までのような教育システムは人格形成上、子どもにとってはよくないと思わざるをえません。改めていくべきだと考えています。だからこそ、これからの子どもがよりよい教育を受けられるように、どうか教師の方にがんばっていただきたいと思うのです。実際に学校などで授業をされる先生方は大変なご苦労がありますし、私はもっと教師の方々に敬意を払わなければならないと思っています。

そして、大学受験です。大きな魔物のように私には見えます。

日本の受験システムでは、18歳の時に1度失敗したら、脱落して社会の落ちこぼれの烙印を押されて、再び立ち上がる気力さえも起きない状態になりかねない側面があります。若者たちは、18歳の春を迎える時にその人生のかなりの部分がそこで決まってしまうと言っても過言ではありません。人生のたった1回のその年齢でその後の人生が決まってしまうようなところがあります。

その一方でこれはアメリカの大学教育と比較してのことですが、日本は大学に入学してしまえば、4年間は少々怠けていても楽に卒業できるシステムになっています。今、日本の教育を受ける生徒はその教育を享受できる人とそうでない人との二極化が起こっています。

それに関連して大学入学後に勉強を一生懸命にする人たちがいる半面、さぼることばかりを考えている人たちもいるそうです。日本ではこのあたりの教育構造が非常にいびつというか、バランスが悪くなっているのです。

かなり昔は、大学というとまさに最高学府で、そこで勉強すればそれなりの専門性や教養が身に付いたとみなされた時代がありました。ところがここ数十年の間に、大学の価値が低くなってきてしまったと嘆く声が聞かれるようになったではありませんか。国立や有名私立でも大学としての価値、そこで教えられるだけの本当に能力のある人が教えに来ているのか、といった世間の声もネットなどでちらほらと聞こえてきます。

生まれてから親が苦労して高い学費を払って、大学までやっとの思いで入学させたはずが、こんな有様なのですから親もたまったものではありません。それとこんなこともあります。ちなみにあくまでも学部によってはです。いわゆる偏差値の高い大学よりも、そうではない大学で、よい先生が教鞭を執っているケースが時々あるそうです。そういう状況に出くわしてしまったら、親も子も意気消沈しますよね。

話がそれましたが、日本だけではなく近隣のアジアの国では日本と同じく18歳になるまでの受験競争が厳しく、親も子も負担が大き過ぎてストレスが多大なものとなっていると聞きます。他の国は知りませんが、日本の場合はうまくいって高学歴になったとしても、その後、確実に経済的に安定した生活が送れるかは全く未知数です。高学歴＝生活の保障とはならないのです。

私はそのような一寸先は闇のような世の中で生きていかなければならない私たちの子どもの心はいよいよ荒《すさ》み切っているように思えてなりません。

これまで、受験のあり方についていろいろと書いてきましたが、そもそも何が一番子どもたちを意気消沈させるのでしょうか。ストレスになっているのでしょうか。

想像するに、学校の科目では英語が最も大きなネックになっているのではないかと思うのです。

私たち日本人は、大人も子どもも過去から今に至るまで、英語の習得には非常に苦労してきました。そのことをよくよく考えてみて、思い切って中、高、大学の受験科目のうち英語の試験のみを除外すればよいのではないかと思いつきました。実際、受験（英語だけか全科目かはわかりませんが）を廃止してみてはどうかといった意見もあるそうです。

そして英語に関しては試験がない分、内申書を重視するという方針を立てるのです。

つまり、英語を学校や自宅で一生懸命勉強していても、それが成績に反映されないのなら問題があります。したがってがんばった内容が記載されている内申書を重視して、進学する時にそれがプラスになるよう受験の一つの目安にしてみてはどうでしょうか。これはあくまで一つのアイデアなので、そのつもりで聞いていただければと思います。

専門家の人からは「何という暴論か！」と歯牙にもかけられないことになるのが目に見えるようです。しかし今、中学校で英語の授業が以前の学習より難解になって、ついていけない子どもが増えている現状を考えると、何かよい打開策を考えねばなりません。もちろん、英語教育をおろそかにしてもいいと言っているのではありません。若者の英語力が下がらないように、かといってストレスの多い英語受験をどうにかする英語教授法や受験方法を考えるべきと思うのです。

これらは非常に難しい問題ですのでなかなか解決できるものではないと思われます。今後、十分に議論を重ねなければならない事案です。

実はこの暗澹《あんたん》たる教育システムとは別に、ある恐ろしい一つの現実があるのです。私には今の世の中についての一つのイメージが浮かび上がりました。いつ頃からでしょうか。ある時、日本社会には「世の中通り」（私の造語です）という大きな通りができたのです。そして、その道のど真ん中を歩いていないと、つまりそこを少しでも脇の方へずれたり、それたりすれば人は脱落する（させられる）暗黙の掟ができました。

今の世の中は、インターネットが普及すればするほどつながるどころかお互いに離反したり、排除し合うように社会が変化してきています。一つ間違えば足をすくわれて奈落の底に突き落とされる恐ろしさをはらんでいるとも言えるのではないでしょうか。自殺が増えたことがそれを物語っています。当然、不登校問題もこの社会の所産なのです。

不登校とか引きこもりだとか世間では平気で人をバカにしたように言いますが、そもそもそういった状態には誰もがなる可能性があると言えます。

特定な人であるというイメージを持っておられると思いますが、それは大きな誤解です。

このような世の中ですから、いつ誰がどんな状況になるか誰にもわからないのです。例えばホームレス一つとってみても、はじめからホームレスになろうと思っている人などいません。それとは全く別のこととは思いますが、引きこもりも真からそうなりたいと思う人もいないのです。

②学力の高い子ばかり評価する

私は以前、児童発達支援・放課後等デイサービスで指導員をしていました。その時に常に心にとめておいたのは「誰でも好きなことはある→そこから得意なことを探す」でした。何かしら好きなことやわずかでも得意なことがあれば、そこを少しずつ伸ばしてあげられたらと思っていました。本来教育とは、競争（よい意味の競争は必要ですが）というよりも互いが向上しようとする共生関係なのではないでしょうか。

言うまでもなく、不登校の子にも必ず好きなことや、得意なことがあるはずです。それぞれに合った伸ばし方をしてあげたらよいのです。にもかかわらず、日本のたどってきた教育は人をふるいにかけて、蹴落としたり利己主義のオンパレードであると思います。

いわゆる学力の高い人間だけを重用するというシステムを行ってきた社会は、一見して正解であると思われるかもしれません。しかし私は、さまざまな試験をして、それに点数をつけて最後には偏差値をつける行為は、人の創造力（想像力）や本当の意味の賢さを計れるものではないと思うのです。例えば、学校の勉強ができるからといって道徳心や人に対する思いやりがあるとは限らなかったりします。

それに長期間、試験の結果で選抜された人ばかりを国の根幹に据えてきたために今、社会では大きな弊害が起きているではありませんか。偏差値の高い人たちが今の日本を作ったとも言えますし、その社会では至る所（政治、経済……）で破綻が起きてしまっています。

私は今の不登校問題は、個別に原因があるというよりもこの社会が生み出した一つの現象であると解釈しています。子どもの多くが不登校になっています。しかし、彼らもこの社会を支える大事な人材なはずです。

国の根幹を担う人を作ることと、よい人材育成はイコールです。社会の一番大切な課題であることを忘れてはならないと思います。

不登校を生みやすい社会環境とは？

①産業構造の変化と過度な競争社会の出現

少し日本の過去の歴史にさかのぼった視点から不登校という現象を考えてみたいと思います。わずか数十年の間（概ね先の大戦が終わった頃から今まで）に産業構造が大きく変わりました。もともと戦前まで多くあった第一次産業である農業に従事する人口は50％近くもありましたが、戦後の高度経済成長期の前後にかけて急に、日本人の本来の姿である農業を代表とする〝ものづくり〟である職業が非常に少なくなりました。

その第一次産業人口（農林水産業）から第二次産業である製造業の方へと徐々に人が増えていき、そのうちに第三次産業がかなり増えました。

つまり、もともと第一次産業に就いていた人たちが第二次産業、第三次産業に取って代われたわけです。

もともと農業をしていた多くの人が工業製品の製造をしたり、サービス業などをするということは、社会の激変と言ってもいいのではないでしょうか。

日本人は、昔から村全体で皆で力を合わせて田や畑を耕してきました。そういった集団行動の中で培われたこととして、忠実である、真面目、礼節を守るなどの民族としての特徴がありました。

農業は一人ではできません。集団で、皆で力を合わせてやるものです。それに比べて第三次産業の仕事は、どちらかと言うと競争のイメージが強くはありませんか。「和を似て貴しとなす」で力を合わせ、共生の中で生きてきた人たちが、第三次産業の強いて言えば個を中心とした競争社会へ入っていくには、かなり無理があるのかもしれません。

明治や大正時代にも会社勤めの仕事の形態は、今よりも少なかったとはいえ、あるにはあったでしょう。そして第二次産業、第三次産業を代表する仕事の形である会社勤め（サラリーマン）は戦後になって急にそこら中に溢れかえりました。

つまり日本人は、もともと第一次産業を中心とした文化や生活習慣であったので、それとは違う職業形態（第二次産業、第三次産業）には合わなくて、なじみにくい人がおそらく一定数は存在したと考えるのが自然です。

要するに日本には、競争社会にはなじみにくい人たちがいるということです。

②競争力と効率性の要求

ところで私は先ほどの「競争」というワードの次に、ある言葉が浮かんできました。それは「効率」という言葉です。

例えば、あることをするにも短時間で物事をいくつも覚えられて早く習得できる人がいる一方で、時間をかけながら丁寧に物事をやりたいタイプの人がいるわけです。現代の社会においては前者の方が人から喜ばれますし、重宝されます。普通に考えれば、前者の方が効率的と言えそうです（ここで述べておかなければならないのは、効率的という言葉の解釈についてです。「物事をてきぱきと手際よく行う」は大事なことですが、ここではそれとは別の解釈の、現在の社会にありがちな行き過ぎた効率性について述べています）。

農業では、よい作物が育つまでは待つという行為が必要です。高い効率性よりも、むしろ時間をかけて人の手をかける行為も必要であるわけです。

鶏を例にあげると、よく言われることですが、多くの消費者がたくさんの卵や鶏肉を食べられるようにするには、効率性を重視した方法がよいと思いがちです。すると、病気をしないように鶏にたくさんの薬を与えたり、早く成長するように何らかの方法をとらなければなりません。そのようにしてできた畜産物は、自然のものとは異なるように私には思えるのです。効率性を追求した結果、大きな落とし穴があるのではないでしょうか。「効率性」には光と影の両面があり、表裏一体となっているのです。

時間をかけて手間をかけてやる「農耕民族気質」の人は、いわゆる効率性の価値観にはなじみにくいように感じられます。

つまり私は、競争社会になじめない人たちが不登校になるのではないかと思うのです。

今の過熱した競争社会からはじき出されて不登校になった人は、そのような社会の空気感が嫌いなのです（ここで誤解のないよう述べますが、農業に従事している人が不登校になりやすいと言っているのではありません）。

あまりに効率性ばかりを追い求めるようになったために、その空気感になじめない人たち＝不登校者が増えてきたのではないかと思うのです。

③女性に対する見方やあり方の変化

ここからは今まで書いてきた効率や競争についての内容とは少々違った側面から書いていきます。

引きこもりがここ30〜40年間で徐々に増えてきたのは、ある一つの生活習慣や経済情勢の大きな変化も絡んでいると言えましょう。

およそ40年前の日本では、女性が学校を卒業し成人した後はすぐにいわゆる結婚適齢期に差し掛かっていました。昔は「クリスマスケーキ」と呼ばれ、24歳までに結婚という雰囲気もあったようです。

裕福な家庭の女性は、外で仕事に就かずに家事手伝いをしたり、いわゆる花嫁修業のようなことをして過ごしていた方が少なからずいたそうです。花嫁修業という昔懐かしい、今となっては死語になってしまった言葉ですが、親元にいてお茶、お花、礼儀作法、料理などの習い事をしていたのです。80歳になる私の叔母は、その世代だったようで、彼女もそうしていたようです。

ところが、いつ頃からでしょうか。女性も学校を卒業すれば、ほとんどの人がこれといった特別な理由がある場合を除き、就職をするようになりました。その理由は、成人した子を養っていくだけの経済力が家庭になくなったことや、男女の職業に対する意識が変わったことも影響していると思います。当時は短い花嫁修業の期間を終えれば、すぐに結婚した人が多かったことでしょう。今ほど晩婚ではなかったですから。

昔は成人した未婚の女性が父親の扶養に入っていたとしても、ニートであるとか家にいるだけで引きこもりだなどと一切言われなかったのです。そのような言葉も発想もなかったのです。

当時は、ちょっと「家でぶらぶら遊んでいるね」と冗談交じりで言ったりしましたが、家にいた未婚の女性は皆、家事手伝いとして一括りにしていました。そう考えると、家事手伝いをしていた女性が一定数はいたのですから、今になってもそのように過ごしたいタイプの人は存在すると考えるのが自然ではないでしょうか。

私は当時では普通であった人が、今ではニートだの引きこもりだのと言われるようなことに、何か違和感を覚えるのです。

もともと日本社会は性別役割分担の意識があり、男性は外で働き女性は家で家事をするという社会体制がありました。そのような慣習が明治頃から長く続いてきたわけです。しかし、はっきりと言いますが、そのような体制がよいと言っているのではありません。

その後、男女雇用機会均等法などで、急に社会の誰もが（男性も女性も）外へ出て仕事をするという価値観に変わってきたのです。この価値観や社会体制の大きな変化についていけなかった人もいるように思うのです。余談になりますが、実際は男女雇用機会均等法ができたと言っても、女性は従来通り家事や育児などの大部分を担いながら外の仕事（外で働く）もするといった両方をこなさなければならなくなった経緯があります。

それによって女性もまた、効率化と競争化の社会の中にしっかりと組み込まれてしまったのではないでしょうか。

インターネットとの関連

「あなたはスマホを持っていますか?」と問われて「持っていません」と答える人は、探してもほとんどいないのではないでしょうか。それほど広く普及しています。しかし、スマホが個人に(一般市民に)普及し始めてまだ十数年しかたっていません。スマホの前は「ガラケー」と呼ばれる携帯電話でした。1990年頃から出始めたでしょうか。それをわずか10年ほどの間に日本人の多くが所持するようになりました。

考えてみると、私たちの社会は、パソコンなどデジタル機器が社会に普及してからまだ20~30年しかたっていないのです。

そしてインターネットが日本人の間で、特に若者が利用するようになった頃と不登校が増え始めた頃とが微妙に一致するのです。インターネットは、閉ざされた部屋からでも全世界とつながることができます。つまりインターネットと不登校は親和性が高いということです。

インターネット利用率（個人）の推移

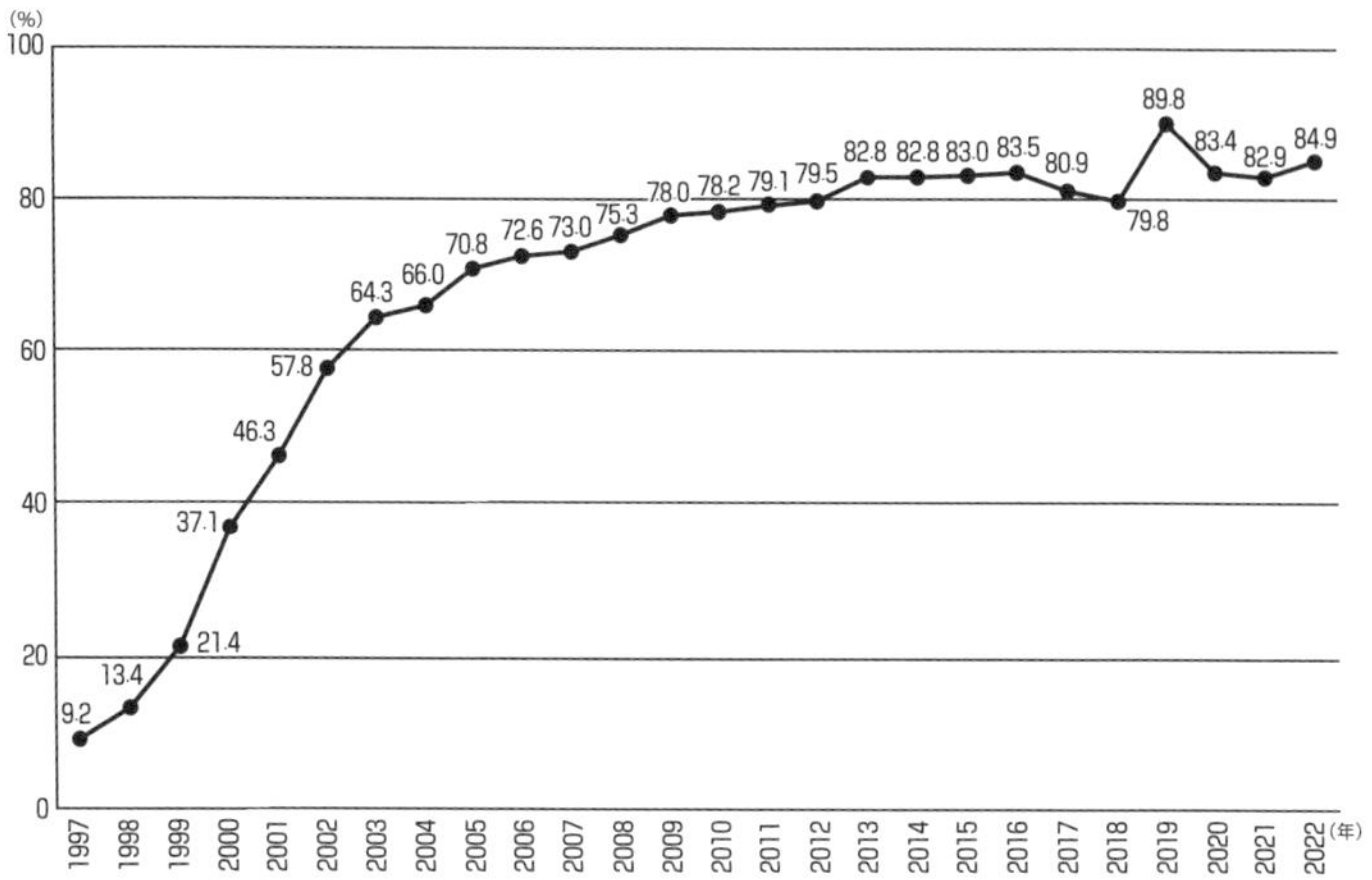

出所：通信利用動向調査　総務省

実際、私の子どもが不登校になった年が1997年だったのですが、その後すぐにネットの世界に引き込まれました。不登校になったり、家に引きこもった人は、ネットやゲーム、動画などで他人とつながります。そういった人は、一日の大半をインターネットをすることに費やすことも少なくありません。

学校には行けない、友達とも会えない、そんな状態から唯一外とつながる方法がインターネットです。考え方によってはある意味救世主的な存在で、それがなかったらもっと大変なことになっていたかもしれません。閉められたはずの窓の隙間からわずかな一筋の光が差し込むように、完全に孤独ということではなくなるからです。

しかし、インターネットは依存性があるので、いったん入り込んでしまうとなかなか抜け出せなくなってしまいます。そのために外へ出られなくなってしまうことだってあります。

デジタル生活は不登校を助長する側面があるので気を付けなければなりません。ネットゲームばかりをして、ひどい依存症になったという人が一定数はいると本で読んだこともあります。

インターネットには光と影の両面があります。使い方によっては負の側面があります。そのことをよく心にとめておくべきです。

第4章

不登校生にとって必要なことは何か？

廃用症候群の危険性

私の2人の子どものうち一人は、数年にわたって引きこもり状態でしたので廃用症候群に近い状態になりました。廃用症候群とは、安静状態が長期にわたって続くことによって起こる、さまざまな心身の機能低下等のことで、生活不活発病とも呼ばれています。

実はこの不登校児の身体的機能が衰えることについては、ほとんどの不登校の本には書かれていません。引きこもりを支援する団体の方にもあまり認識されていなかったりします。不登校というと、学業や心の面での損失に目が行きがちですが、実は身体的な面、つまり身体的な能力や何かの疾患にかかっていないかなどにも目が向けられるべきなのです。

高齢者が1週間入院しただけで、足腰が極端に弱ってしまったり、歩けなくなるといったエピソードはよく話されています。これは決して高齢者だけに起こる問題ではなく、若い人にも体の衰えは起こるものなのです。特に不登校生のように生活リズムが昼夜逆転したり、体を極端に動かさない生活を送っていると廃用症候群に陥る危険性は常に考えておくべきことです。

息子が通っていたオルタナティブスクールの校長先生は、「正常な人間でも自宅に数か月引きこもって、ほとんどどこへも出かけなかったら誰でも何らかの精神疾患にかかるものです」と言っていました。それぐらい外の世界と遮断されたところにいると、人間は病んでしまうということです。

私の娘は通算すると7年間、家族と旅行（祖父母の家にも）に行く時と本人の趣味でわずかに出かける時を除いては家の中だけで過ごしていましたから、健常な人並みの体力に戻すのに10年近くかかりました。ちょっと体を動かしたら元に戻ると思うのは大きな間違いです。7～8年かけて不登校生活を送ったならば、それと同等かそれ以上の年数をかけなければ本来の体力には回復しないのです。これは身をもって体験したことです。

それと同時にもう一つお伝えしたいことがあります。

公立の小学校や中学校に在籍している間は、身体測定や体力測定に参加できます。うちの子も「いついつに体力・身体測定があるので、できれば参加して下さい」と声はかけられました。しかし子どもは不登校でしたので、どうしても行くことができずにいました。それでその日は欠席になり、その後、身体測定に関することは何も連絡はありませんでした。

大人の教師の方でも、何らかの理由があって長期間休職をしていた場合、学校へ行くハードルが高くなり、中へ入っていくのをはばかられることもあると聞きました。それが不登校の子ならば行きにくいのはなおさらです。

不登校の子も身体測定や体力測定は受ける権利があるはずです。何かしらの方法で受けられるようにできないものでしょうか。もし、どうしても学校でできないようならば、そのような子どもを持つ親御さんは、医療機関などで受けさせてあげて下さい。

なぜ、こんなことを書いたかというと、うちの2人の子どものうちの一人に体の面で思いもかけない変化が起きていたからです。息子なのですが、身長は順調に伸びていたようです。ところが、見た目にはわからなかったのですが体重がかなり増えていたのです。運動不足で体重が増えてしまったのです。

そのことに私たち親は気づけませんでした。体重なら家で測ればいいだろうと思われるかもしれません。でも、日常で気づくのは私には容易ではありませんでした。もし、身体測定があったら、当然気づいていたはずです。その後息子は血圧まで高くなっていたことが判明し、驚いたものです。親として、子どもの体をきっちりと把握しておくべきだったと深く後悔していますし、息子には申し訳なかったと反省しています。

このように、学校で当たり前に行われる身体測定等に参加をしていなかったことで、身体の変化に気づきにくくなりますし、何らかの病気が見落とされる危険性があるということを心にとめておいていただきたいのです。

家の中で過ごす時間があまりにも長いことが、本来ならば元気いっぱいであるはずの子どもにとっては、悪いことであるのは当たり前の話です。

今の学校が合わずに引きこもるくらいなら、親元から離して寄宿制のような学校に入学させるのもいいかもしれません。とにかく私の経験上、後々になって思うことがあります。子どもたちが親元を離れて一定の期間外で過ごしたことで、見違えるほど心身ともに改善されて自宅に戻ってきたことが非常に強く印象に残っています。この時は、自律心が育ったのだと思いました。ここでの自律は自分で立つ＝自立ではなく、自分を律する＝自律なのです。

しかし、人によってはいきなり親元から離すのは、現実的ではありませんし、一足飛びにそんなことをしては子どもに大きな負荷がかかります。

子どもさんの状態に合わせて、もう少し家で落ち着いて過ごさせてあげたいと思うのなら、それもよいでしょう。ですが、その時期が過ぎた頃には、本人が嫌がらなければ、親子で居場所探し（フリースクール探し）を早めに行うのがよいと思います。

ここ十数年のうちに不登校関係の学校が増えましたし、不登校生を対象とした学校は、外に出にくいお子さんのために自宅に先生が訪問をしてくれるというところもあります。そのようなサービスをうまく使って、できるだけ早期にお子さんを外の世界へ連れ出せるきっかけを作ってあげることが大事です。

出かける頻度はその学校の方針にそってやることになりますが、急に一度に何日も出かけるのは本人にとっては、思わぬ大きな負担になります。リバウンドしないように、本人のペースに合わせて少しずつやるのがよいでしょう。

外へ出かけるという行為は、心身、そして頭も使うので家にこもりっきりの状態の人には心地よい疲労感を味わえること請け合いです。さらに出かける行為は生活のリズムを整える効果もあります。

そのようにして生活のリズムを整えて、昼夜逆転が少しずつ改善されたならとても喜ばしいことです。

不登校生を持つ母親の社会的孤立とつらさ

SNSなどで、お母さんがお子さんの不登校の体験談を現在進行形で綴っているものがあります。読んでみると、お母さんの友達が時々家に遊びに来ると書かれていてびっくりしたことがあります。一般的に自分の子が不登校状態であることを大っぴらに話せる人は、かなり少数派であるように思います。

たまたま周囲の誰かに「うちの子は学校に行きづらくなって、家にいるんです」とついもらすことはあるかもしれません。また、不登校の子どもさんと同じクラスの方が学校からのお知らせなどを持って来てくれるので、その子のお母さんには便宜上、事情を伝える場合もあります。とは言っても私の場合は、本当の意味で不登校の子どもを抱えている親の悩みを誰にも話せなかったですし、相談することなどはとうていできませんでした。

うちの子は、適応指導教室には不登校の途中からしばらくの間、通っていました。その一環として私も心理士の方に、教育相談というものをしていただきました。日頃の本人の様子を伝えたり、子どもに対しての気遣いなど、適応指導教室の方たちのご指導のおかげで子どもがよりよい方向へと向かったのも事実です（ご存じだとは思いますが、適応指導教室とは教育委員会の傘下の公的なものです）。

でも、第三者に対して自分の不登校の子の悩みを本当に話せるか、また本当に理解してくれるのかと言えば、実際はなかなか難しい面があると私は思います。不登校生を持つ親、特に母親は、子どもと同様に常に孤独なのではないかと思うのです。

不登校とは関係のない家庭のお母さんから、「なんであの家の子は学校にも行かせないのか」などと、何か奇異な目で見られた経験も私にはあります。

学校に行っている子を持つ親は、それぞれの立場で悩みはあります。しかし、不登校生の親は、それとはまた別の悩みがあるのです。不登校生を抱えている家庭の事情は、そうではない家庭とは全く異質なものがあり、なかなか共有できるものではありません。私は不登校生を抱えている家庭そのものが、社会から隔絶されてしまっているとさえ感じています。

特に母親が専業主婦であると、子どもと朝から晩まで一日中毎日、向き合ってしまうので関係性が煮詰まってしまい、最悪の場合、親子で共倒れということにもなります。

母親が息抜きをする場がどうしても必要になるのです。調べると、不登校の子を持つ親の集まり（インターネット関係も含めて）であったり、何かしらの場が設けられているようです。そういった場へ参加するのも一つの手なのかもしれません。ただ、行った先で何かもやもやとしたものが残ったり、スッキリしないままの場合もあるかもしれません。そうした時は、少し距離を置くのが賢明でしょう。悩みが悩みを呼んできてしまいますから。

日本の大概の家庭では、母親が子どもの全てを一手に引き受けて暮らしています。家庭の中のお母さんの存在がまるで太陽であると言われるくらい、母親の役割は重大です。

そんな大切な役割を担ってくれる母親こそ、外の世界とつながっておくことが重要なのです。むしろ外で働いているお母さんの方が、外とつながっている分、精神衛生上よいと言えるでしょう。趣味でも、興味のある分野の資格の勉強でも構いません。お子さんに留守番をさせてでもどこか息抜きのできる場所を見つけて下さい。

私は自分自身が精神衛生上少しでも楽になり、有意義な生活を送る方が子どもにとっても、家族全体にとってもよい影響があると思ってそういった場を探していました。

不登校の子を持つ家庭に経済的支援を

わが家ではフリースクールへ通わせるのに通学定期ではなく、通勤定期を買って通わせていました。なぜかと言うと、民間のフリースクールは学校法人とは認められていないからだそうで、通学定期の対象外というのです。鉄道会社には「実習用通学定期乗車券」というものがあります。これはあくまでも子どもが通っている学校の方で、適応指導教室などに登校する場合に限って、実習として認めるということなのです。当時は、フリースクールは実習として認めてもらえませんでした。

これは10年以上前の制度でしたが、今では改善しているかどうかはわかりません。不登校の子が大人になるまでは、普通に学校へ行くよりもかなり費用がかかります。最近、そのことがクローズアップされてきていますが、とにかく経済的な負担は相当なものになるので、制度として不登校生の家庭に対して何らかの補助をするべきと考えています。

自己肯定感と承認の欲求

皆さんは、不登校状態にある子どもは自分自身をどのように感じていると思いますか。大概の人が、自己肯定感が大変低いのです。「まわりの同級生がしていないこと（不登校）をやっているので」というような引け目があるのでしょう。

傍から見ているよりも、「行きたくても行けない」とか「行かなくてはならないことはわかっていても行けない」といった葛藤があると思います。不登校になったことに対してのまわりからの評価も気になっています。

結局、人から（周囲から）マイナスのイメージ、悪いイメージで見られているという強

マズローの欲求５段階説

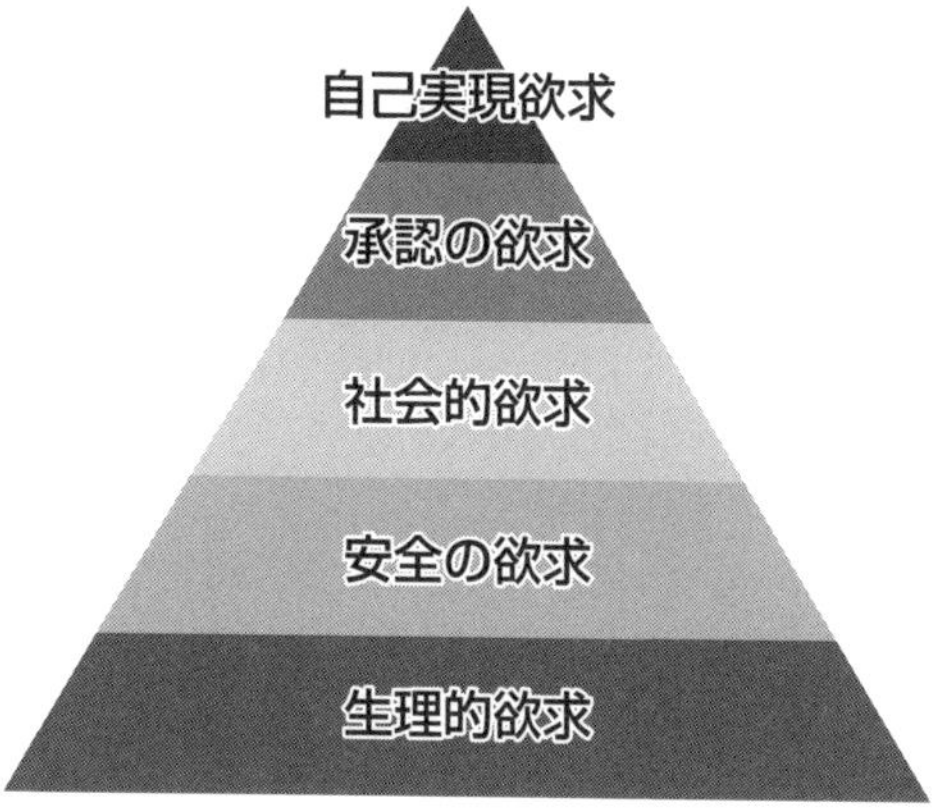

い認識を持たざるをえないので、自己意識、自己肯定感が低くなるのです。

このような心の状態の人にとって一番大切なのは、他者から褒められたり認められることです。「魚心あれば水心」ということわざがあるようにまわりから認められれば、人は自信がつきます。自信というものは、何もしないで勝手に知らない間に自分の心の中に湧いてくるものではありません。まわりからの称賛であったり、承認であったり、少しでもそのような経験を経るうちに徐々に自信がつくものではないでしょうか。

「マズローの欲求5段階説」という心理学の学説があります。この学説には専門家の方の中で賛否両論あるそうですが、一般的には通説になっているのでここで取り上げます。

仮に不登校の状態の人をこの欲求5段階説にたとえるなら、「生理的欲求」は住むところは確保されていて食べることもできるので、「生理的欲求」は満たされていると言えます。次の「安全の欲求」は、危険（学校や外の世界）を避けて安全な場所（自宅）に住むことができるので、「安全の欲求」も満たされています。

その次にある「社会的欲求」はどこかへ所属することで、不登校の人にとっては何を意味するかと言えば、いわゆる〝居場所〟です。次の「承認の欲求」はまわりから認められたいといった感情なのです。

人間は皆、〝居場所〟や所属するところを必要としています＝「社会的欲求」。また自信を得たい、認められて嬉しい＝「承認の欲求」も誰もが抱く感情です。私はそれに加えて、人から認められたい気持ちと同時にもう一つ人間には重要な感情があると思っています。当たり前のことのようですが、あえて述べたいと思います。

人は、夢と希望を持って生きていきたいと望んでいるのではないでしょうか。

「一億総活躍社会」という言葉がありました。この言葉の響きからは、誰もが何か得意なことや潜在能力を発揮して活躍し、社会の大切な役割を担っていけるようにする、文字通りそのような意味を表しています。そんなユートピアは現実には存在するのでしょうか。

それはともかくとして、唐突なようですが、皆さんにはどんな夢がありますか。どのような希望を持っていますか。もし人に「夢や希望」がなければ、生きていてこれほど寂しいというか虚しいことはないと思いませんか。

大人でも仕事をしていて達成感を味わったり、人から感謝されたら、何にも代えがたいほど嬉しいはずです。それが夢というものにつながっていくような気がするのです。

不登校の人も引きこもりの人も達成感を味わったり、人から感謝されることを誰よりも望んでいると思うのです。彼らは非常にそういった感情に飢えています。自己肯定感が低いからこそ、そういった感情に飢えているのではないでしょうか。

私はその方たちが、どうか承認の欲求が少しずつ満たされ、希望と夢を描ける人生を歩んでいってほしいと願っています。

内発的動機づけと外発的動機づけ

先日、ごく普通の若者が特殊詐欺の受け子といった重大な犯罪に巻き込まれていくプロセスを描いた報道番組を見ました。この特殊詐欺事件で受け子に手を染めてしまった少年が、少年院から番組の取材に応じていました。少年は「詐欺グループから簡単に稼げるというふうに言われたし、自分は1000円のラーメンが毎日食べられるような生活がしたいのでどうしても大金を稼ぎたい」といった趣旨のことを話していたように記憶しています。

とにかく私が一番頭に残ったのが「1000円のラーメンが毎日食べられるような生活がしたい」という言葉でした。それは一般的な普通の望みかもしれませんし、おいしいものがたくさん食べられる生活がしたいという欲望かもしれません。人の望みに対してとやかく言うつもりはありませんが、私は少々、短絡的だと思いました。

「おいしいものが食べたい」「いい車が欲しい」「高級な服を身に着けたい」といったごく普通に見える欲求でも、それが大きくなり過ぎると強欲ということになってしまいます。

別の若者は、中学、高校と私立の進学校へ通っていて、有名な私立大学を卒業したばかりの社会人で、学生時代には野球で大変活躍したと番組では話していました。そのように順風満帆な日々を送ってきた若者がなぜ、そんなことをしたのでしょうか。その若者は、まわりの大人たちを驚かせたい、つまり大金を稼ぐことで親を驚かせたいと言っていました。

私はその話を聞いて、内発的動機づけと外発的動機づけを思い出しました。前者の方は心理学上、楽しみや挑戦のため、本質的な満足を求めて活動を実行する原動力、好奇心や関心によってもたらされる動機づけ、賞罰に依存しない行動（内発的動機づけ）とされ、後者の方は、外からの刺激や環境によって起こり、義務、賞罰、強制などによってもたらされる動機づけ（外発的動機づけ）で、何らかの目的を達成するためのものとされています。

つまり、この社会人の若者の発想は外発的動機づけを意味しているのです。内から起こる純粋な目的ではなく、まわりの人間を驚かせたいとか、お金を稼いで評価されたいといった外から誘発された目的で行動を起こしてしまったのです。一部の恵まれない境遇の若者が、貧しさに耐えきれなくなってした行いではありません。

現在の日本の少年犯罪は戦後最少となっているようですが、ある意味では、日本の多くの若者がこうした行動を起こすこともありうると解釈できませんか。つまり、日本の世の中全体がこのようにお金を儲けられれば何でもするという空気感になってしまっているので、このような事件の若者を作り出してしまったとは言えないでしょうか。

子は親の鏡と言いますが、受け子の少年の思いと行為はそのまま社会の鏡なのです。

ところで、人が何かをしようと前向きになる原動力は、①「承認の欲求」と②「希望と夢」の二つがワンセットになっている時に発動されると考えられます。

これは私の考えですが、「承認の欲求」には二通りの欲求があると思っています。「給料がたくさんもらえるから」「人から尊敬されるから」「もしこれをやらなかったら叱られるから」といった外からの要素によっての「外発的動機づけ」と、「○○が好きなのでやっている」「人の役に立っていると思い、やりがいを感じる」など自分自身の内から発生する「内発的動機づけ」です。内発的動機づけは内なる欲求ですから、心の底から湧き起こってくる何かを素直に受け入れているありのままの状態と言えます。

同じ動機づけでも、内発的動機づけの方が欲求の持続性が高いと言われています。つまり外発的動機づけに比べて、内発的動機づけの場合は一時的ではなく長く続くということです。

ただ、単純に外発的動機づけは悪くて、内発的動機づけは良いと言っているわけではありません。この二つの動機づけは、何かを行う時にバランスよく持っているのがよいそうです。

しかし私は、不登校状態の人はどちらかと言うと、「内発的動機づけ的教育」の中で過ごす方が性に合っているように思います。彼らは外発的動機づけの世界が苦手なのではないかとも思います。今の社会や教育は、「試験で良い点数をとると親に褒められるから勉強をがんばる」「試験に合格すれば評価されるので過去問をひたすら解く」「低い点をとれば親に怒られるから一生懸命に勉強をがんばる」といったように、常に外発的な欲求に振り回されているように思います。

本来の教育のあり方は、もっと内発的動機づけを見つけるヒントを提供するものではないでしょうか。

家庭での過ごし方と心のケア

次に、家庭での心のケアについて、私の体験からお伝えしようと思います。

前に少し触れましたので重複するようですが、子どもが不登校の最中は親自身が一つの心づもりをして過ごすことが大切です。例えば、わが子はやがていつかは親から離れていくので、その世の中へ出ていく前の十分なエネルギーを養い、蓄える前段階で充電期間と思って過ごしてみてはどうでしょうか。

実際、不登校が長引くと非常に長く感じ、ただただ焦燥感だけがつのるといった状態になってしまいます。ですが、その期間が長ければ長いほど親と一緒にいる時間がたくさんあるので、その間にお子さんが嫌がらなければ一緒にコンサートやテーマパークなどへ出かけたりして少しでも多く楽しめる時間を設けてみるという発想に転換するのです。思い返してみると、親が子どもと一緒にいる時間は本当に短かったと感じます。そして、自分も母親と一緒にいる時間が短かったとしみじみ思うのです。

それを考えると子どもが不登校とはいえ、その子が家にいて親と共に過ごせるのは、ある意味、神様がくれた何かのチャンスなのかもしれないと受け取ると気持ちが楽になりませんか。必ず子どもは親から巣立っていくはずだと信じて、今はお子さんとの時間を楽しんで下さい。どうか子どもさんとの時間を大切にして下さい。

就寝時ですが、一つの部屋で親子で川の字になって寝るのがとてもよいと私は思います。そこそこ年齢がいくと、子どもは親とは別に寝た方が自立心が芽生えるとありますが、それを鵜呑みにすることはないと思うのです。もしかしたら、それは欧米の生活習慣や価値観が単に日本へ輸入されただけかもしれません。欧米人は日本人と違って、常日頃からハグをしたりスキンシップが多いものです。子どもと寝る時まで一緒にいて愛情を与えなければならないということはないわけです。それに比べて日本人は欧米人のような習慣はありません。寝る時まで態度をよそよそしくしたら子どもが情緒不安定になってしまうように思います。

実は、残念なことにうちの場合は、息子が小学校の低学年からそれができませんでした。小学校1年生までは親子で川の字になって寝ていました。そのことを後悔しているので、お伝えしたいと思い書きました。

不登校の子は非常に心が荒んでいますし、寂しいのです。夜に寝るのは休息することですが、体を休ませるだけでなく心も休息をとる時間だと思います。その場は、安心感のある場でなければ、落ち着いた気持ちで休めないです。年齢が高くなってプライバシーが気になったり、一緒に寝るのに支障がある場合はその限りではありませんが、基本的には子は親と一緒に寝ることによって一体感が生まれ、心のケアにつながると思うのです。

これから書く内容は自分の体験からのあくまで個人的なものです。何かの学説にそったものではありませんのでご承知おき下さい。

私は7年前に手術をしてその後遺症に悩まされています。詳しい経過はここでは述べられないのですが、今もお腹の調子が悪いのです。あまりにも体調が悪くてつらいので、自分が痛かったり苦しかったりする体のその部分になぜか、「こんなにさんざんな思いをさせてしまって申し訳ない、ごめんなさい」という気持ちが湧いてきて、その体の部位に対してある行為をすることを思いつきました。

調子が悪くなる予兆がしたら、手のひらでその部分を何度もさすりながら「今まで本当にたくさん○○ちゃん（自分の名前）のために働いてくれてありがとう。今まで○○ちゃんのために働いてくれたからもう、これからはゆっくりと休んでね」と繰り返し唱えて、その体の部分に話しかけるのです。本当にさすりながら繰り返し言うのです。

その部分に対して純粋にいたわり、労う気持ちを持って本当に声に出して言っています。できるだけ言葉をしっかりと、語りかけるように話します。とにかく体に対して感謝の気持ちを表します。なぜかそのようにしていると、徐々につらさや痛みが薄れてくるのです。昔、怪我をした時に、お母さんがその部分をさすってくれたり、「痛いの痛いの飛んでいけー」と言ってくれたのと似ているかもしれません。今回私が述べているのは、お母さんにしてもらうのではなく自分が自分にしてあげるわけですが……。

不思議なことに私はこの行為を行うと、気持ちが落ち着いて温かいものに包まれる感じがします。傍から見た人からは「この人は変な人だ。何を独り言を言ってるのか？」と思われそうなので、誰もいない場所でやっています。

そもそも体の調子が悪くなるという現象は、体がその部分に痛みや何らかの異変を起こさせて何かが起こっているのをその人へ知らせるためにあるのではないでしょうか。無理なことをしたり、働き過ぎたりしたら、体が悲鳴をあげる前にいろいろなことを教えてくれているのだと思います。

多くの人は、他人や周囲の人に対しては、ああでもないこうでもないと気に病んだりと、いろいろな思いを巡らせるくせに、自分の体に対しては無自覚というか、特別な何か（不調）がない限り、気持ちを向けないのではないでしょうか。

そして、ここからが大きなポイントだと思うのですが、他人の体に感謝したり褒めたり、ありがたがったりはできません。つまり、自分の体を大事に大切に思うのは、その人本人しかできないのです。親子や夫婦などの親密な関係で相手の身を案じるのとは別の次元です。

なぜ、このようなことを書いたかというと、このことをわが子に教えてあげられたらよかったなと最近になって思うのですが、当時はできませんでした。もし、あの時にこのことを教えてあげていたなら、２人とももっと穏やかな気持ちになったのではないかと思うのです。

あくまで参考までにと思い、書かせていただきました。

手紙やはがきの慣用文句に「お体を大切になさって下さい」「ご自愛下さい」と書かれていますが、本当の意味での大切にするとはこういうことなのではないかと思うのです。

居場所と人との縁の重要性

不登校状態の人の居場所が非常に大事であることは書きました。ところがその居場所を見つけると言っても、すぐに自分にとってちょうどよい居場所が現れてくれるわけではありません。私の子どもの場合ですと、娘は不登校になった最初の3年間は適応指導教室がなかった地域に住んでいました。その後、転勤で引っ越しをすると近所に適応指導教室があり、学校へは行かずにその教室へ籍を移すことができました。うちの場合はその適応指導教室が子どもたちにとっての居場所になったのだと思います。

居場所というと子どもが何らかの集団に入り、勉強したり遊んだりするのをイメージしがちですが、親もまた日々のことや先々のことを相談する必要があるわけです。ここが大事なポイントです。

おそらく心療内科とか、小児精神科とか、思春期外来という名称の医療機関へ通ったり、どこかの教育相談所に行かれる場合もあるでしょう。当然のことかもしれませんが、実はそういった相談に乗ってくれる人は、本人にとっても親にとってもよき指導者でなければならないのです。まさに不登校者はよき指導者と出会う必要があると言えます。仮にそうでなければ、つまり指導者が悪ければ本人と親にとっては、その状況が好転しないだけでなく、ますます悪化していきます。

私が経験した中で、皆さんに気を付けていただきたいことがあります。私の子どもが不登校だった頃は20年以上前ですので現在とは隔世《かくせい》の感があり、当時から現在までの精神医療の移り変わりが大きく見受けられます。発達障害という言葉は当時から多少は使われていましたが、それほど多くはありませんでした。

ところがここ10年ほどの間にその言葉を多用するようになりました。インターネットであったり、書籍であったり、それこそ医療機関であったり、いろいろな場面で使われるようになりました。その前には、うつ病と診断されることがすごく増えた時がありましたが、同じように発達障害と診断された子どもや大人が多く出てきているのです。

今の精神医療に対して何かしらの異を唱える人がいます。私は医師ではないのでこれについて述べることはできません。ただ、興味深い本を紹介したいと思います。とても具体性があり、わかりやすい本で、私が以前から疑問に感じていたことを的確に書き表していました。

米田倫康先生が記した『発達障害バブルの真相』というものです。

私が言いたいのは、「良い指導者＝良い縁」とその反対の「悪い指導者＝悪い縁」をよく見極めておかなければならない点に留意していただきたいということです。

幸いなことに私の子どもたちは最終的には良い指導者と巡り合えました。その縁がまた、別の縁をつなぎ合わせてくれて、すっかり2人とも親から完全に独立して元気に過ごしています。2人ともが非常に努力をして必死にがんばりましたが、縁こそ大切と感じます。

不登校を経験した人は、その経験があるからこそ強くて底力があるように思います。自分を切り開いていく力があるのです。

どうかそのことを信じて、ご自身の子どもさんの燦然《さんぜん》と輝く未来を思い浮かべてみて下さい。

その後の人生と就業体験を考える

ここからは不登校を経験した人が、何とか苦労して学校を卒業し、社会へ出ていく時と、その後のことについて書きます。長期の不登校経験があり、何らかの生きづらさを抱えている人が社会への大きな重い扉を押し開けるには、大変な困難をともない、人生最大の試練へとぶちあたることになります。

まず、就職活動が控えています。エントリーシートなどさまざまな手順を踏んで筆記試験や面接を進めていくことになります。大企業の中には5次、6次試験までやる企業があるそうですし、企業によってさまざまな形の試験があるようです。

履歴書の経歴の欄に中学、あるいは高校からの学校名を記載する部分があります。中学卒業までは、義務教育なので不登校であろうとなかろうと、とりあえず中学校名は誰でも書けます。ところが義務教育ではない高校は、入学しても卒業していなかったら高校中退になり、当然入学していなかったら高校名は書くことができません。

最近では高校も多種多様になってきて、全日制、定時制、通信制と3タイプあり、その中でも学科が選択できるそうですが、問題は履歴書に定時制や通信制と書いた場合です。それを見た採用側の面接官は、この全日制ではない学校へ入学した理由などを学生に尋ねるケースがあります。学生が面接官にどのように話すかはわかりませんが、そういった学校を卒業した学生を、おそらく面接官のほとんどがその人を不登校であったと判断します。

もし通信制や定時制出身の学生などは採用しないといった方針をちらつかせる企業にあ

なたが出くわしたならば、こちらの方からそんな企業は願い下げにしてやればいいのです。全く気にする必要はありませんし、意に介する必要もありません。何一つ恥じることはありません。自信を持って面接に臨めばよいのです。

現に私の娘は、就職に際して採用される時には高校の欄に単位制高校と書きましたが、それがネックになって不採用になったことは一度もなかったと聞いています。

3年前に結婚した娘は、障害者福祉の仕事をしていて、障害のある人の就労支援の仕事を大学卒業後からずっとやってきました。しかし、娘はその間には苦しかった経験やいろいろと紆余曲折もありました。結婚するまでは、正規職員として働いていましたが、結婚を機にあるところに転職しました。今までやってきた障害者の就労支援の仕事を、今も変わりなく続けています。娘が転職した職場は官公庁の仕事なのですが、実は、採用面接の時には30人ほどが面接を受けに来ていました。結局、2人しか採用されなかったそうです。

別に自慢話を書いたのではありません。不登校の経験がある人でも、十分に採用されるケースがあることを知ってもらいたかったのです。

仕事の種類や職種、企業によっては学歴などの諸々の条件がネックになるのは否めない事実ですが、就職先はその人の、人となり、資質、将来性を見ています。不登校の経験があっても引きこもりの経験があっても、何も臆することはありません。自信を持って面接を受けて下さい。

娘は社会人になってからも決して順風満帆ではありませんでしたが、とにかく一生懸命に誠心誠意仕事をしています。

私が「仕事をしていて嬉しいことはどんなこと？」と娘に聞くと「今の仕事は人から感謝されることもあるし、やりがいがある。それに資格を持っていたのがすごくよかった」と答えていました。前に、何かできそうな勉強をするとか資格をとるのもよいと書きましたが、娘を見ていて実感したからです。


ところで実はまだまだ不登校経験者の人にとって大きな問題はこれからです。誰でも経験するのですが、就職したものの職場の対人関係や仕事のミスマッチ現象が起こることが多々あります。その結果、最初の職場をやめた後、職場を転々とする人も少なからずいるでしょうし、今では転職など普通になってきました。しかし転職の回数が多ければ多いほど、繊細な人であれば身も心も疲弊していきます。

自分は社会からは必要のない人間なのではないかと落ち込んだり、不登校を経験した人ほど自己肯定感が低いので、引きこもり状態に戻ってしまう大きな危険性をはらんでいます。やっとの思いで社会への扉を開くことができたのに、その社会から排除されそうな時に、私はあることを提案したいと思います。

人は何気ないちょっとした体験でも、その一つひとつは自分が生きる上で必ず何らかの意味を持っているものです。就職にかかわらず人生の中のさまざまな場面でもです。その経験は、どんな些細なことでも自分の役に立っていると感じます。仮に長いとは言えない職業体験だったとしても、その時にやっていた何かの業務経験はその人の中に蓄積しているのです。それが証拠に、わずかな期間でも仕事をしたことに対する報酬をもらっているはずです。

もしかしたら、就職した時点で一人暮らしを始めた人もいるかもしれません。社会へ出てどこかで雇われたり、人によっては個人営業などを始めたら、その過程でいろいろな経験をするはずです。そういった経験は全てその人のプラスになることはあっても、マイナスになることなどないと思いませんか。とにかくどんなわずかな体験でも、その人の血となり肉となり、もはや今までしてきたことがあなた自身であるとさえ言えませんか。どれだけ転職しようとも、その一つひとつがあなたにとってその全てが血となり肉となり、役に立っているのです。

人生において無駄なものは何一つないのだと私は心の中で結論が出ました。自己肯定感が低い人でも自信を持って過ごしていただきたいと切に願います。よく昔から「若いうちの苦労は買ってでもしろ」と言います。この苦労は何を意味するのでしょうか。私が思うのは、仕事の失敗や未熟さを指すだけでなく、どのような仕事も（傍から見て一見体裁の悪そうな仕事でも）やるだけの価値があり、何事も経験だという意味を含んでいると思います。仕事を見た目だけで判断し、体裁が悪いと言って敬遠するのは、一つのチャンスを捨てているのかもしれません。

また、人生は一度きりとよく言います。私の他界した父が、ある時ボソッと「気が付いたら80（歳）になってたんや」と低い声でつぶやきました。私も今の年齢になり、人生は思ったよりもずっと短いと感じます。一度限りで短い人生ですし、歳をとると体が思うように動かなくなるものなのです。ですから、やれることは若いうちしかできないのです。

仕事は20歳代のうちに何らかの仕事に就いておく必要があります。30歳代になったら正規雇用が大変難しくなります。アルバイトでも契約社員のような非正規雇用でも構いません。日本の勤労人口の40％が非正規雇用者です。職を転々としたとしても、それはそれで恥じることはないのです。とにかく何らかの仕事に就いて、職歴を通してあなた独自のキャリアを身に付ければよいのです。

繰り返しになりますが、何かの資格を取得することをおすすめします。それは報酬の高い職業を目指せというものではありません。もちろん報酬は高い方がいいのですが、低い自己肯定感を補う何かが資格にはあると思うのです。それは安心材料にも武器にもなります。加えて、自分が努力して勉強した証になりますし、達成感にもつながります。仮に運悪く試験に落ちたとしても、勉強して身に付いたことはあなたの糧になるはずです。

20歳代は非正規雇用でもいいと書きましたが、その理由の一つに今まで家にいた期間が長ければ長いほど、毎日朝から晩まで働くのは難しいからです。外に出るのが苦痛な人は、週に2～3日の仕事から始めるのがよいかもしれません。逆に「正規雇用にならなければダメだ」と言っていきなりフルタイムの仕事をすると、リバウンドが起きないとも限りません。

このように徐々に慣らしていくことをスモールステップといって、無理がかからないようにその人に合った段階を踏みながらやっていくのが大事なのです。そのように仕事に励んで下さい。そうすれば、転職時や正規社員登用時に「あなたが今までどのようなことをしてきたか」「それによって何を得たか」など、面接官が望むことを自分の言葉で話すことができるはずです。

また、仕事に慣れてきた場合でもやり過ぎるのは禁物です。ご自身の体と心の声によく耳を傾けて、体が悲鳴をあげているのに強引にやるのは後で必ずしっぺ返しがあります。

私は今でも2人の子どもには、「くれぐれも無理をしないように」と伝えています。飛躍するようですが、命は大切です。ニュースなどで若者の自殺というものがよく取り上げられます。とても心が痛いことです。親御さんも自分の子どもだけは大丈夫だなどと思わないで下さい。人の命は代えがききません。

とにかく、何かできそうなことから経験してみて下さい。場合によっては仕事とは限りません。ボランティア活動でも何でもよいのです。できそうなことからチャレンジしてみて下さい。

第5章

子ども、若者を取り巻く社会環境

不登校問題は単独で存在しているのではなく、多くの事象が絡み合っている

ここからは不登校や引きこもりの人も含むこの社会の、特に子どもや若者を取り巻く社会環境について書いていきたいと思います。実は社会の現実の姿は不登校、引きこもり問題と根っこの部分ではつながっています。そして、世の中のさまざまな事象はいくつもの要素が絡み合って起こるのです。

ある一つの構図が浮かんできました。大雑把ですが、図にしてみました。「①室内でのゲームが遊びの主流となった」から始まっているように見えますが、便宜上①と番号をつけただけです。ただ、①から②、③……となっている内容はある程度は時系列になっているかもしれません。

事の原因が①であるか否かは断定できませんが、誰もがわかりやすい事象でしたので最初に「室内でのゲームが遊びの主流となった」をあげてみました。

このようにただ時系列に①から⑦まで順番に物事が起こっただけではなくて、それぞれ

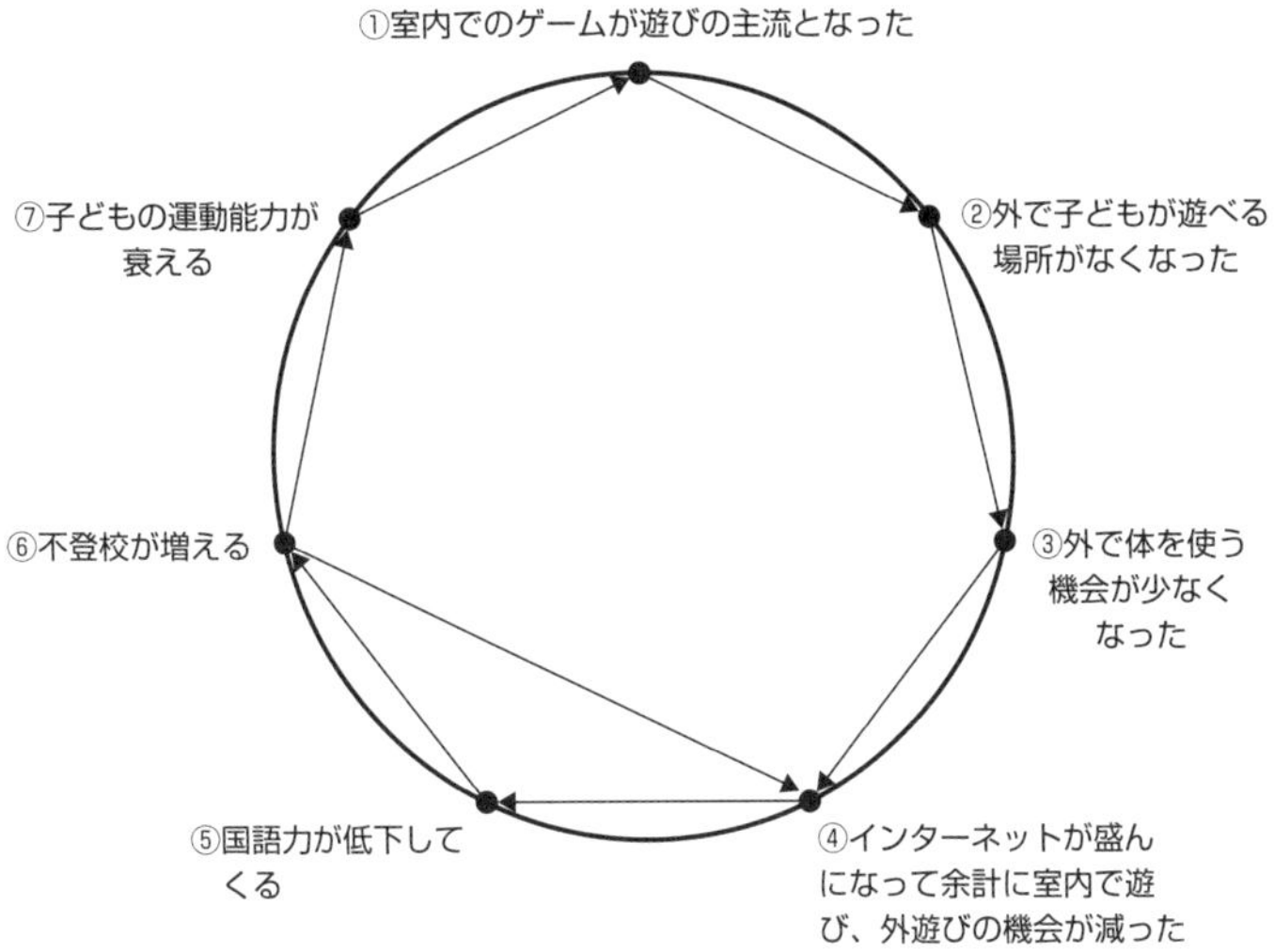
①室内でのゲームが遊びの主流となった
②外で子どもが遊べる場所がなくなった
③外で体を使う機会が少なくなった
④インターネットが盛んになって余計に室内で遊び、外遊びの機会が減った
⑤国語力が低下してくる
⑥不登校が増える
⑦子どもの運動能力が衰える

が相互に関連し合っているわけです。⑥の「不登校が増える」が多くなると、④のインターネットを利用する若者が多くなります。室内で過ごすことも多くなり、当然、外遊びも減るわけです。また、①の「室内でのゲームが遊びの主流となった」となると⑦の「子どもの運動能力が衰える」ことにもなるのです。

そして⑦で終わるのではなく⑦~①へとまた続き、循環しています。

このように①~⑦をどのように順番づけるかは、「鶏が先か卵が先か」と同じなわけです。

デジタル社会の波にのみ込まれる子どもたち

時系列と書きましたが、やはり①の「室内でのゲームが遊びの主流となった」ことが事の始まりであるかもしれません。

ちなみに「ゲーム産業戦略」という国家的戦略について、日本のゲーム産業が世界をリードして国民から広く支持を受けるために、産官学が開発、ビジネス、コミュニケーションという各分野の戦略に取り組むと経済産業省が2006年8月に発表しています。日本のゲーム産業が国家ぐるみで推進されようとしてきた経緯があります。

ひと頃「ゲーム脳」という概念が広く世間に行き渡ったそうですが、ゲームが脳に与える影響については、専門家の方が本を書いておられますので、私はここではこれ以上述べることはできません。ですが、国家ぐるみで推進されているのであれば、どうしても経済最優先の姿勢が見え隠れしていると感じます。

昨今、ゲームを含めインターネット関連の問題は増加しています。これまでも不登校状態の人へのネットの悪影響を述べましたが、そのような社会の末端にいる子どもなどには多大なる影響を与えるのです。

では、ここで私がスマホに絡んだ出来事を書いていきたいと思います。街の道路でもどこでもスマホを常に見つめている人の光景を目の当たりにします。駅で改札口に入って電車のホームでも車内でも、ずっと目を離さずにスマホに見入っている人たちがほとんどです。それは若者が多いようです。おそらく家の玄関を開けた時から電車に乗るまでずっと見ているのでしょう。いくらスマホが手放せないからといって、これって異常な状態だとは思いませんか。私たち日本人はそのことをおかしいとは思えないぐらい感覚がマヒしているのではないでしょうか。

そして、たまたま車内でちらっと見えた若い女性のスマホの画面がネットゲームのようでした。盗み見ていたわけではありませんが、その女性の顔を見ると何と目がうつろになって口も半開きになって、放心状態というか恍惚状態の表情をしているではありませんか。ネットゲームをしている人はよくいると聞いていましたが、そこまで放心状態になるものでしょうか。駅を出て家路に向かう途中、何て恐ろしい世の中になったのだろうかと思いました。このように思うのは私だけでしょうか。

世界各国のスマホの使用料は日本も含めアジアが多いようです。

かのイーロン・マスク氏もアメリカ、イギリス、EU、カナダ、その他の国々を比べても日本が一番X（旧ツイッター）の利用時間が長いと言っているそうです。

それに、このスマホを作った当のご本人方がご自身の子どもさんにはある程度の年齢になるまでは使わせないといった有名な話がありますが、それは危険性があるからこそ持たせなかったのではないでしょうか（スマホの危険性については諸説あります）。

それにもかかわらず、今の日本の現状はどうでしょうか。

現在の若いお母さんは、赤ちゃんをご自身の胸の前に抱っこひもで括りつけている時に、その赤ちゃんの頭のすぐ上でスマホを使っている光景をしょっちゅう見かけます。スマホをどうしても操作しなければならないのはわかりますが、赤ちゃんに密着しそうなぐらいにスマホを近づける行為はどうかと思います。私はそのような場面を見ると、とても悲しくなってしまうのです。

小さなお子さんにスマホゲームをさせているお母さんが多いせいかどうか定かではありませんが、最近では、小さな子どもさんが眼鏡をかけているのをよく見かけます（アジアでは眼病が多発しているそうです）。

別にお母さん方を非難しているのではありません。ただ、もう少しご自分のお子さんの健康について考えてあげたらよいのにと思い、この紙面を割いて書いた次第です。私たちの大事な国の宝とも言える子どもの将来が非常に心配です。デジタル社会が、この先も一層、進むでしょうから何とかよい手立てはないものかと思うのです。

子どもたちに居場所を

これは教育の環境整備の問題と言えるかもしれません。産経新聞の記事に次のようなことが書かれていました。

鎌倉市中央図書館は、不登校の子どもに限らずどんな子どもも学校の授業のある時間帯でも入館できるそうです。そこでは来館した子に「学校はどうしたの?」とか「学校は欠席してるの?」などと尋ねたり、本人に黙って学校へ連絡したりはしないそうです。その記事を読んで少なからず驚きました。このような気の利いた計らいをしてくれる図書館を私は今まで知りませんでした。

一般的には、学校の授業のある昼日中に児童が図書館へ入ってきて過ごしているのを見た司書の方は、おそらくですがいろいろと考えを巡らすと思います。例えば、普通なら学校に行っている時間帯なのに、そこにいるのはおかしいと思う人もいるでしょう。学校へ連絡もせずに放置していてよいのだろうかと迷う人もいるはずです。場合によっては、図書館の責任になると思いを巡らす人もいるかもしれません。学校優先の日本社会ではそう思うのが普通です。もしかしたら何らかの問題が起こるかもしれないと、日本の大人なら考えそうです。

ところが、不登校の子どものみならず、全ての子どもの居場所作りに大いに貢献した図書館の快挙を知り、私は嬉しくなりました。このような図書館が増えてくれるのを願っています。この記事を読んで私は、図書館という枠組みにこだわらずに、それに準じた施設を作ればよいのではという考えを抱きました。机上の空論と言われてしまうかもしれませんが……。

フリースクールはいくつも各地でできているのですが、全不登校者数からいってもまだまだ数が足りません。それで公的な、できれば無料の子どものための〝居場所〟（前出の図書館も含めて）が各地に多数あればよいなと思ったのです。

それは、現在ある教育委員会の傘下の適応指導教室ではなくて、民間と公的の中間に位置するような施設です。

適応指導教室は各地にありますので、それとはカラーの異なる江戸時代の寺子屋の要素を取り入れた〝居場所〟のようなもの、勉強を強制的にさせるのではなく、各自が自由にやるという仕組みです。寺子屋の要素を取り入れているので、一斉授業も少しはやりながら、マンツーマンの要素もあるのがいいと思うのです。塾と同じではないかという意見もあろうかと思いますが、開設や運営には国からの補助を期待したいところです。

来ている子の状態に合わせて飲み物やおやつをみんなで囲んだりする場も必要になってくるでしょう。少し自由過ぎるように思われるかもしれませんが、皆で楽しく食べるという行為は、必要であると私は思います。ちょっとした団らんの場は、悩みを相談するほどには至らないけれど、息抜きや弱音を吐いたり愚痴を言ったりする場になるのではないかと思うのです。ここでいう〝居場所〟は不登校の子だけではなく、そうではない子も立ち寄れる場所です。

ゲームやネット、コロナ禍で流行ったオンラインでのコミュニケーションとは全く異なる、じかにコミュニケーションをとれる居場所が今こそ必要だと思うのです。

ここまで、子どもの居場所づくりについていろいろと書いてきました。

他方、学校では「自分を大切にしよう」とか「友達と仲よくしよう」など、表面的には耳あたりのよい文句をお題目のように唱えています。しかし、本当に「自分を大切にしよう」と思っているのでしょうか。本当に「友達と仲よくしよう」と思っているのでしょうか。

私はそもそも学校の教育が戦後の子どもたちにとっては、自尊感情を育てることを授けてはこなかったのではないかと思うのです。そのため、子どもたちは心のより所となるものがないかと思えます。つまり、精神の基盤がしっかりと育てられていなくて不安定になり、不登校や引きこもり現象が起きると考えていますし、そういう説もあるようです。

したがって今まで書いたような、言ってみれば付け焼刃的な方法では、もしかしたら何をやってもうまくはいかないかもしれません。繰り返しになりますが、いずれにしても私はこういったことは基本的には教育の問題であると思っていますので、国民一人ひとりが今までにないような、もっと深い議論を深めていかなければならない時に来ているのではないかと思うのです。

土地の有効活用の提案

最近の公園は、子どもが遊ぶ遊具が昔と比べて極端に減ってきたと言われます。それは公園の遊具による怪我や事故のためです。万一の時に、親が公園の管理、責任を担う役所などを訴えるからだという意見があります。公園での規制事項もかなり増えたそうです。

事実、公園の遊具が老朽化していて、それに巻き込まれたりする事例もあるそうです。その結果、撤去されてしまっているようです。

　公園に行けば遊具で遊ぶことによって運動だけではなく、他人との交わりなどのさまざまな経験ができます。私は2人の子どもは成人しましたので、公園に行く機会がなくなりましたが、昔はもう少し遊具があったように記憶しています。危険性が最少で安全な遊具を早急に子どもたちのために設置することが必要です。

　ところで昔（高度経済成長期の頃）はあちこちに空き地があり、そこで何をしたかは具体的には覚えていないのですが、なぜか今のように立ち入り禁止の標識もないので中へ入ってよく遊んだ記憶があります。今では見かけなくなった〝缶蹴り〟をしながら小学校から家までの帰り道で遊んだ思い出が懐かしく脳裏に浮かびます。缶蹴りという遊びは缶を蹴るので音もしますし、どこへ飛んでいくかわからないといったものでした。昔は音がする缶蹴りをしても誰も咎める人はいませんでした。今にして思えば、昔は子どもも大人もいろいろな危険な行為をしていた、何でもありの時代で、危険とか禁止すべき行為などと認識していなかったのです。

　私が小学校3～4年生の頃の出来事だったと思います。校庭で男の子が2人、殴り合いの大喧嘩をしていたのを今もはっきりと覚えています。取っ組み合いで体をお互いにつかみ合い、広い校庭の中を行ったり来たりして激しく移動しながら殴り合っていたのです。そんな光景を見た私はとても怖くなりました。啞然としてしまいました。そのうちに先生が出てきて喧嘩を止めに入ったようでした。何となくうろ覚えなのですが、その時は喧嘩両成敗みたいな仲裁の入り方だったと記憶しています。私も彼らの喧嘩は決していじめやいやがらせの類ではなくて、大将同士の一騎打ちの本当の喧嘩であったと認識していました。その2人の子の力関係や性格を知っていたからです。先生も全然、慌てていなくて「子どもの喧嘩ぐらい」というような表情でした。

当時は今と違って何でも子どものトラブルは、なぜか大人が入ってはいけないものだと認識されていました（「子どもの喧嘩に親は口を出さない」という言葉があったほどです）。だから、その喧嘩も別に日常茶飯のこととみなされていたのです。今こんなことがあったら大問題になるのではないでしょうか。

これは余談になってしまったのですが、当時は良い面も悪い面も両方ありましたが、まだまだいろいろな遊び方ができたと言いたいのです。今のように「あれはダメ、これはダメ」と言われる時代ではありませんでした。その結果、いろいろな遊びから何かを学ぶことができたと思います。

今は本当に窮屈な世の中になってしまって、私は子どもがかわいそうだと感じます。公園の遊具問題がそれを如実に物語っていて、現在の社会傾向を表しています。何かあればすぐに責任を追及する、責任を追及されそうな側は側で自分の身の保全ばかりを考える。公園遊具問題に限らず、自分の権利や利益を追求する行為ばかりが増えてきた証左と言えるのではないでしょうか。

とにかく一番大事なことは、子どもがもっと自由にのびのびと体を動かせる場（いろいろなタイプの子どもが使える）を、官民一体となって作っていくことではないでしょうか。

日本には今、所有者不明の土地が九州の広さぐらいあると聞きます。そんな土地をただ遊ばせておくのはもったいないので、その土地を国民のために何らかの価値のある土地として利用すればよいと思いませんか。子どものために使うとか、他にもいろいろとその土地の用途はあるでしょうから、利害関係のない第三者機関のような組織も交えて検討した上で土地の用途について取り決めをすればいいのではないでしょうか。

私は難しいことはわかりませんが、土地の利害関係をはじめ、さまざまな法律の問題が絡んでいるはずですから、すぐには難しいでしょう。しかし、誰かが声を上げなくては子どもの遊び場の確保に着手することはできません。一人ひとりが声を大にして訴えていくしかありません。皆さんの気持ちひとつで世の中が変わるかもしれないのです。

私は空き地を見ると、この土地が有意義な使い道として不登校生のために利用されればいいのにと歩きながらいつも思っていました。やはり九州ほどもある空き地を不登校生のためにうまく利用していただきたいものです。

国語力はなぜ低下したか？

ここでは国語力について書きます。私の子どものことをよくよく考えると、不登校状態から抜け出せたのは、2人とも国語力が、ある程度しっかりと身に付いていたからであるとわかりました。国語力があったからこそ、あのような状況から抜け出せたと言っても過言ではないのです。

国語力については次ページのようなイメージ図が成り立ちます。

思ったことを自分の心の内でただ思っているだけでなく、実際に言葉に出して言ったり文字で表現できたら、それはその人にとっては大きな力となります。

彼ら（私の子ども）は国語力という表現方法を身に付けて、外の世界へと羽ばたくことができたと思っています。なぜ、このようにできたか。これは私の推測ですが、前述しま

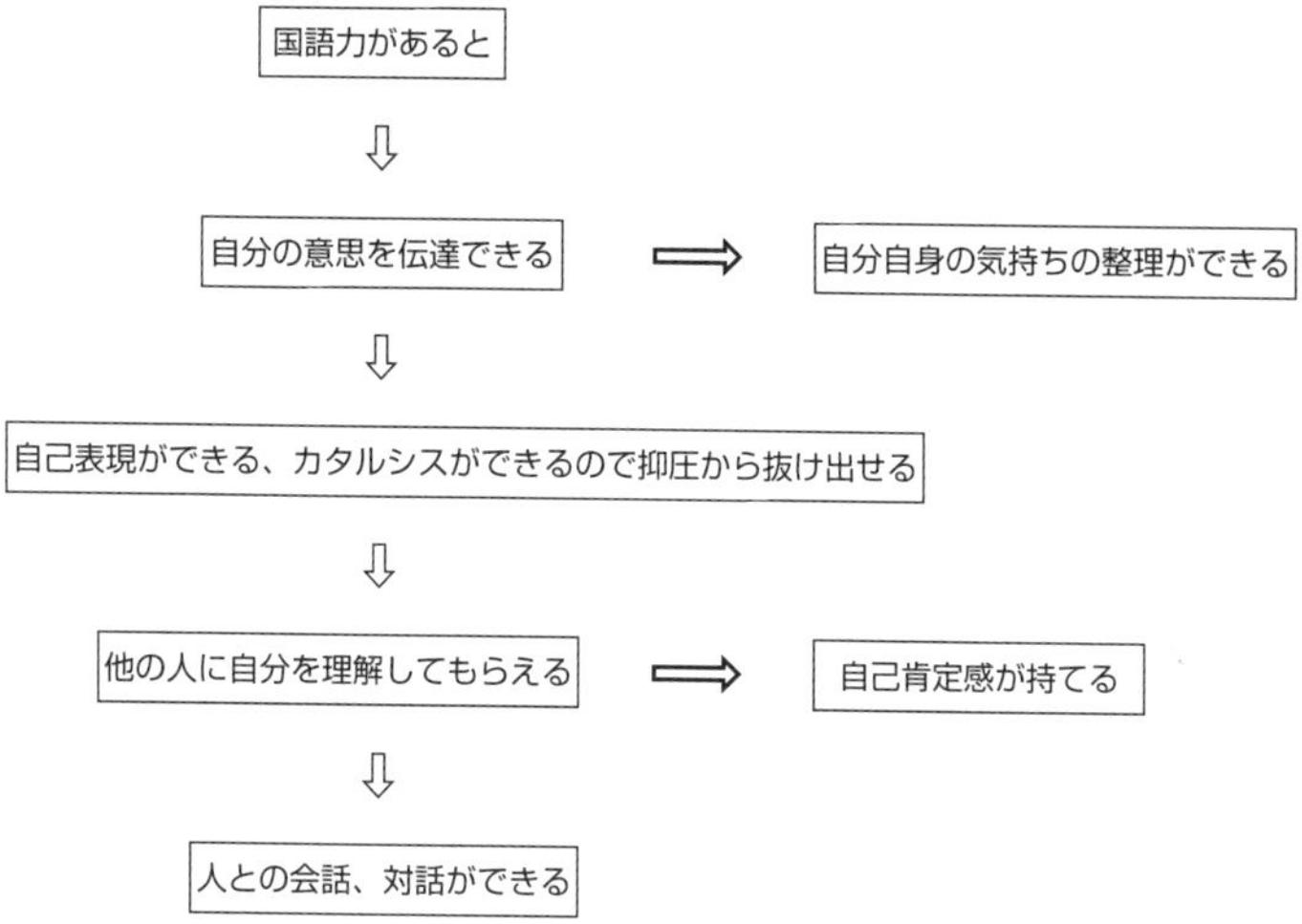
国語力があると
自分の意思を伝達できる
自分自身の気持ちの整理ができる
自己表現ができる、カタルシスができるので抑圧から抜け出せる
他の人に自分を理解してもらえる
自己肯定感が持てる
人との会話、対話ができる

したが、上の娘は生まれてすぐに夜泣きがひどかったので、たまたまそれを鎮めるために絵本の読み聞かせを一生懸命に毎日したことで、言葉をよく覚えたのではないかと思うのです。

これ以外は、文字積み木で遊んだり普通に音楽を聴いたりしただけです。また当時は、ディズニーやテレビ番組のビデオをよく見せていました。正直に言うと、少々手抜きの育児といった感じですね。

たしかに旅行にはかなりの回数出かけていましたが、子どもの外遊びは時々行く程度でしたし、これといって特別なことはしていないと思います。

ただ、学齢になる前には絵本が好きで、一人でよく絵本を読んでいました。

フリースクールがわが子を救ってくれた

ここで息子のこれまでの人生の中での大きく飛躍できたエピソードをお伝えします。国語力とも関連すると思います。

下の息子が国語力がしっかりと伸びたのは、ひとことで言うと、中学1年生から高校3年生までオルタナティブスクール（不登校対象のフリースクールのような学校）へ通っていたからだと思います。そこでの生活体験と学習経験があったからこそ今の息子がいます。

中学校へ入学した直後に、それまで通っていた適応指導教室はとりあえず休止にしました。そして一般の学校ではなく、どこか本人に合ったフリースクールがないかと息子と2人でインターネットで探したり、実際に足を運んで見学させてもらいました。数か所行ってみましたが、その中で息子が一番気に入ったオルタナティブスクールに行くことに決めました。

息子がそこを一番気に入った理由は、「他と違って室内の雰囲気が明るくて、先生や受付にいる人の感じがよかった」ということでした。私も息子と同じようにそのスクールの雰囲気がよいと感じたので、早速体験入学を申し込んでみることにしました。最初は面談をして下さいました。そこで専任のカウンセラーの話の進め方に好感を持ち、息子に対する問いかけの仕方にも、とても本人を尊重する姿勢を感じたのです。

とはいうものの、いきなり初めてのところへ通うのはハードルが高過ぎると感じました。そこで、まずは訪問というシステムを使い、そこの先生にわが家に訪問していただきました。若い先生でしたが、とても感じがよく、息子は信頼できるようになってきて、徐々にスクールへ足が向くようになりました。息子が実際にスクールへ通うのには数か月かかりました（通えるまで根気よく訪問をしていただきました）。少しずつ母親の私と一緒に通えるようになったのです。不登校の人は人間不信と自己肯定感欠如に陥っているので時間がかかります。

そこでは年間を通して季節ごとに比較的長期間の合宿を設けていたり、音楽会をしたり（その時に出演するために何種類もの楽器や歌の練習の指導もして下さいました）、スポーツなどさまざまな行事がありました。そのうち息子も慣れてきて一人で通えるようになり、最後は嬉々として自分から進んで合宿や他の行事にも参加するようになりました。

スクールでの日々のカリキュラムは、基本的には学習は一人でやるものですが、それ以外の活動は他の生徒と共に集団での活動が多かったのです。息子がスクールへ通いたくなってきたのは、先生方のご指導やご尽力の賜物であることは言うまでもなく、スクールの仲間の一員としての連帯感や仲間意識が芽生えてきたからなのです。

そこでは一般の学校とは全く違う体験をすることができました。世俗的な受験や従来の学習方法とは異なる勉強ができました。当然学校ですから、英語や数学などの教科の勉強もそれぞれの科目担当の先生がいて教えて下さるのですが、マンツーマンでの学習が多かったと思います。しかし、いわゆる受験のレールに乗せて子どもに「知識がついた」「点数が上がった」「偏差値が上がった」などと一喜一憂する教育現場の学習方法ではなく、本人自らがどうしても勉強したい気持ちにさせられるような空気の中で過ごしていました。

内容については、多岐にわたるので全部は書けませんが、一つ例をあげると、そこでは校長先生が月に数回定期的に講義をして下さるのです。その講義では普通の学校のように学科そのものを学習するわけではないのですが、校長先生ご自身が毎回決めているテーマというか内容を話されます。この講義は保護者も希望すれば参加できます。哲学や心理学、文学、あるいは時事問題など多岐にわたる内容なのですが、中学生の子にもわかりやすく、おもしろい内容にして話して下さいました。

もちろん、校長先生は専門書を棒読みするようなことはせずに、日頃の日常の出来事などを例にあげたり、世の中で起こっている事件や問題に照らし合わせながら、心理学や文学、哲学などのものの見方に絡めて、わかりやすく説明して下さったりしました。

世代に関係なく皆が興味深く聴ける内容になっていましたし、校長先生がおもしろおかしく話されるので、誰もが話に引き込まれてしまうほどでした。ですから、生徒たちは皆、校長先生が大好きで校長先生を尊敬していました。言うまでもなく、ここに通っている生徒は皆不登校の生徒です。そのような生徒に、哲学や心理学、文学の要素を取り入れながらお話しし、その上で「今の世の中において不登校とはいったい何なのか？」「不登校になったのはなぜか？」「不登校になってどんな気持ちなったか？」などといったことを生徒に考察させます。

生徒一人ひとりに直接、問いを投げかけることもありました。ある時は、心理学の内容でユング心理学の「個人的無意識と集合的無意識」などの概念をあげながら、世の中で起こっている現象を説明されていました。この時も生徒が皆日頃感じていることとリンクさせて興味深く話されたので、親の私でも本当に感銘を受けました。

おまけにスクールでは、毎年10回ほど各分野の著名な知識人を講師として呼んで講演会を開催していました。講演会は歴史、哲学、社会心理学系、教育、食に関することなど多岐にわたる内容です。生徒と保護者は、基本的にはそれに出席することになっていましたので、親子で勉強ができました。

平生《へいぜい》では聞くことのできない貴重な講義を拝聴できたので、今思うとこんな有意義な時間の過ごし方は他では経験することはできなかったと思います。

このような講義をされる校長先生でしたので卓越した見識を持たれている方でした。校長先生の講義には親の私たちもつい聞き入ってしまいました。大人でも大変興味を覚えるお話でした。話の内容は高度なのですが、校長先生の話を聞きながら子どもたちは頷いていたので、だいたい理解ができたのではないかと思うのです。それに講義の時には皆、目を輝かせていました。校長先生のご著書をテキストとして使われる時もありました。

私の見る限りでは、ほとんどの生徒さんは、校長先生の話を一生懸命にメモをとっていました。ある程度は理解ができていると判断できます。私の息子も、難しい内容にもかかわらず、一生懸命に話に集中しながらメモをとっていました。おまけに講義をされる前には、校長先生が何を話されるかを聞いて多くの生徒が予習までしていました。

①人の話に集中する、②聞いたことのメモをとる、③本やテキストを読む、④授業や講義の感想を文章にしたり口頭で言ったりする、これを全部やっていたわけです。とにかく校長先生のお話が興味深くて、おもしろいのでとても集中しているのです。時には、4時間以上も連続して話されることもありました。これで国語力がついたのではないかと私は

思っています。

息子はそこへ通うようになって、2~3年の間に見違えるようになりました。そのスクールに行っていなかったら、私たち夫婦は今の息子の姿には出会えなかったとつくづく思います。スクールでご指導いただいていた諸先生方、そして何より校長先生にはなんとお礼を申し上げればよいかと思うほどです。また、切磋琢磨して一緒に勉強した生徒さんたちに心から感謝申し上げます。まさに息子はこの学校がよい出会いでありよい縁だったわけです。

このような縁をいただいた結果として、国語力が身に付いたということを述べたかったのです。この国語力が、特に不登校の人には大切で、自己表現ができる場とそこで自分の力を発揮することは武器となるのです。

やっぱり大切な国語力

表現方法はいろいろとあります。芸術や音楽やスポーツなど人によってやり方や方法は違えども、人に「何かを伝える」ことには変わりがありません。この「人に何かを伝える」の中の文字や言葉にして伝える方法、つまり国語力の低下が今の若者の間に顕著に見られるのです。

昨今の若者の国語力の低下は、教育関係者や一般企業の方たちからも声が多数上がっています。インターネットの記事でも、そのことについて書かれているものを見かけます。

それではなぜ、国語力の低下が起こってきたのでしょうか。

以下に列挙した国語力の低下の要因は、私がどうしてもその考えを捨て去ることができない事柄となっています。ただし、あくまで私個人の考えであって学術的に研究しているわけではありませんのでご承知おき下さい。

では箇条書きにあげてみたいと思います。

①カタカナ語、短い英単語が激増していて、その濫用

②X（旧ツイッター）やラインなどのSNSでの表現が極端に短文であること

③差別用語といって禁止される言葉が後を絶たず、言葉狩りが激増したこと。およびもともと漢字であった単語をひらがなに書き直して、言葉をひらがなで書く単語が多くなったこと

④ラノベ（ライトノベル）が増え、それを読む人が多くなったこと

⑤子どもの遊びがゲームに置き換えられたこと
⑥2002年頃から始まったゆとり教育の影響
⑦新聞、テレビ等の文字にふりがなが少ししか振られていないこと
⑧国家予算の中で教育費が占める割合が非常に低いこと
⑨インターネットが普及したこと
⑩体を動かす機会が極端に減ったこと

他にも理由がありそうですが、以上の10の理由を自分なりに考えたので以下説明をします。

①カタカナ語、短い英単語が激増していて、その濫用

カタカナ語ですが、外来語が明治期になって西洋から入ってきた経緯があります。その後、日本ではいくつかの戦争を経て先の大戦の後に欧米の文化や価値観が続々と流入してきました。その後、最近になってインターネットが普及してからますます外来語やカタカナ語が増えました。

ある時、知人が小さい娘を連れて私の家へ遊びに来ました。その時の出来事です。色鉛

筆を使って色を塗ったりして画用紙に絵を描いて一緒に遊びましたが、色鉛筆の色を何でもカタカナ名（洋色名）で言います。白をホワイト、黄色をイエロー、青をブルーと言っていました。私が「緑色を取ってくれる？」と言ってもそれがどの色かわからなかったようなので、自分で取りました。すると、彼女はそれを見ると「これはグリーンだよ」と言ったのです。「緑（みどり）」という言葉を知らないようでした。

昨今、テレビを見ていて商品のラベルやパッケージがコマーシャルの画面に映されるとテレビの音声では「グリーンの〇〇」とよく言います。それによって、幼い子どもたちは音と視覚のメッセージで緑はグリーンであると覚えます。もしそれとは逆に、テレビがコマーシャルの画面で「みどり」と言っていたとしたら、子どもたちは「グリーン」とは言わずに「みどり」と覚えたかもしれません。つまり、子どもはインターネットだけではなく、今でもコマーシャルやテレビ番組の影響を大いに受けているわけです。

とにかく生活のいろいろな場面において、日本語の色の呼び方が激減しています。なぜか、ネットのアパレル販売サイトの衣類の色の表記もほとんどが洋色名となっています。レッド、ブラウン、ブラック、イエロー、テラコッタ……。数えたらきりがないくらいです。以前に私は何かで読みましたが、日本の色名はとても多種多様です。色名一つをとってみても古来歴史と関係があり、なぜそのような色の名前になったのかといった色の言葉には由来があるのだと聞いたことがあります。それほど日本語、そして日本の文化は奥深いものなのです。

それなのに、もしこのような日本の独特の色の文化が廃れてくると、これから先の私たちの孫子《まご》の代になると、日本には色の名前があったことすら知らない日本人になってしまうのではないでしょうか。考えてみて下さい。本当にそうなったとしたら恐ろしいと思いませんか。

次にカタカナ語が蔓延した一つの理由として考えられる、私の個人的な解釈を述べます。産業界でのことです。一般企業で働く会社員が社内での会議などで、普通の言葉を使用せずにわざわざ、カタカナ語や変な英語の言い回しを多用するようになったことも一つの要因ではないかと思います。なぜかと言うと、それぞれの社員がそのような行動をしていると、一社員から徐々に多くの社員へとその行動が波及していくからです。

また、テレビでも、知ったかぶりをしたどこの誰ともわからない評論家気取りのコメンテーターが、ふだん、日本人が使わない、わかったようなわからないような単語をまくし立てるようにして話している光景をよく目にします。他の人よりも自分がより多くの、いかにも難解そうに聞こえるカタカナ語を使用したらできる人間のように思われる、立派な専門家に思ってもらえる、そのように単純、かつ浅はかに考える人が多くなったことが、カタカナ語が蔓延した背景ではないかと思うのです。

今まで日本語とカタカナ語が混じった社名であった企業が、急にカタカナ語だけを使用した社名に変更したりしています。それに長い会社名を短く略してアルファベットを三つだけにしたりして結局、社名が英語なわけです。そのような企業名がたくさんあり過ぎます。

日本中の企業が社名をカタカナ語にしようとしたり、社員にふだん英語を使用させたりする企業もあるのですから、当然、社員は外来語やカタカナ語を使って話すはずです。無理もないことです。

このようにして産業界全体が日本語離れを加速させている現実があるわけです。また、インターネット自体が欧米から来たものなので（実際はトロンというOSソフトが日本ではアメリカに先駆けて発明されていたそうですが）、インターネット用語自体が英語なのです。

くどくなりましたが、私が一番言いたいのは、明治、大正、昭和のごく初期の時代までは今のような教育体制ではなかったので、教育の濃さなど中身が全然違うと思います。今の教育をおしなべて言うと、昔よりも教育レベルは低くなっているように感じます。教育のレベルの低下とカタカナ語の激増、日本語離れの広がりで若者の国語力の低下を引き起こしているのではないかということです。

このような日本語離れが、ますます不登校問題を加速させていくのではないかと思うのです。それは先述したように自己表現ができにくくなるからです。

②X（旧ツイッター）やラインなどのSNSでの表現が極端に短文であること

X、ラインは短い文章が求められるそうです。最近、少々驚いたことがあります。若い人のラインの文章は、せいぜい10〜20文字程度で、しかも句読点がないのには驚きました。

たしかに「昔から俳句や短歌を作っていた名残で短い文章を作るのではないか」という人もいます。ただ、俳句や短歌はいくつものルールがあり、作るのには技術や知識が必要です。思いついた言葉を単につぶやくXとは違います。

先述したようにイーロン・マスク氏が世界で一番、日本人がXを使用していると言っていたのが印象的でした。いくら日本人がXを好きだからといっても、ここまで短文で単純な内容の文章ばかりを作っていては、文章能力が養えないのではないかと危惧してしまいます。私は日本人がXやラインに興じてばかりいるうちに、ますます国語力が低下していくのではないかと心配になるのです。

③差別用語といって禁止される言葉が後を絶たず、言葉狩りが激増したこと。およびもともと漢字であった単語をひらがなに書き直して、言葉をひらがなで書く単語が多くなったこと

「言葉狩り」という言葉の意味をご存じでしょうか。言葉狩りとは、特定の言葉の使用を控えるべきとする社会的規制を否定的に表現した言葉です。これに関しても私個人の見解が大きいですのでご理解願います。

日本に限らずどこの国でも、もともとその国の生活習慣や精神的な活動から生み出された言語、昔から使用されていた言語は私たちの文化や伝統そのものと言えます。人を傷つけるような言葉をある程度規制するのはわかります。だからと言って、日本人の言語の多くを規制して使えなくしてしまうと、日本人が昔から持っている民族固有の意識（潜在意識にも及ぶ）すら途絶える可能性が大きいように思います。

さらに言うと、人の心の動き（思ったこと）を人が口に出すこと、著述にまで規制をかけているので、言論の自由を奪っていると言えます。ほとんどの人は気が付いていないと思いますが、日本人は先祖代々国民全体で醸成してきた民族意識とでも言えばよいのでしょうか、そのような日本のさまざまな伝統を次世代へ継承していかなければいけないのです。

そうしなければ、一層文字離れが進み、ひいては国語力の低下へとつながっていくのです。

④ラノベ（ライトノベル）が増え、それを読む人が多くなったこと

これはライトノベルを否定しているのではありません。ただ、どうしても古典文学や他の教養書や評論系のものよりは、読解力等を養いにくいのでそればかりが世の中に溢れるとどうなのか、と危惧するのです。そのことが若者に与える影響はどのようなものか、と思います。

⑤子どもの遊びがゲームに置き換えられたこと

昔は手先を使ったり体を動かして遊び、お互いにいろいろな会話をしながら遊んだと思います。ところが、ゲームが台頭してきてからは、そんな遊び方は誰もしなくなり、遊びと言えば座って無言でするだけです。もしかしたら、相手と一緒にゲームをするので一つの時間と場を共有するという何らかの一体感があるのかもしれません。ただ、実際には会話はほとんどないので、会話力＝コミュニケーション力の低下を引き起こすのではないかと懸念されます。

ゲームが世の中に台頭してきた頃から、やはり学校の先生方の多くもゲームの悪影響を心配しておられました。コミュニケーション力とは国語力と通じる部分があり、それを養えば国語力も比例して高まると言えます。

⑥2002年頃から始まったゆとり教育の影響

「スーパー大辞林」によると「自ら学び、自ら考える教育への転換をめざして導入された一連の教育政策。1977年（昭和52年）の学習指導要領改正で初めて授業時間数が削減され、1990年代から2000年代半ばにかけて絶対評価の導入・週5日制への段階的な移行など、さまざまな改革が行われた。［つめこみ型教育の弊害を軽減するために導入されたが、学力低下の原因であると非難を受けるようになった］」とあります。

国語や算数などの主要な科目の時間数を減らして、それが総合的な学習の時間にとって代わられたとのことです。今でもこの政策については、専門家と称する人の間では物議を醸していて、いろいろな意見があります。この総合学習の授業自体が子どもにどのような影響を与えたかは十把一絡げに論じることはできないので、ここではこの学習方法の是非について言及するのは避けます。

ただ土曜日を休日にして授業時間を減らし、それ以外の今まで教えていた単元も減らしたわけですから、当然学力は、ゆとり教育政策の前に比べて後の方が下がるのは当たり前です。

娘が小学校1年生の時の出来事です。その時はたびかさなる転勤の真っ只中、引っ越した先で大都会のある公立小学校に入学したのですが、初めての授業参観の日がやってきました。たまたま国語の授業を行うことになっていて教室に入って見ていると、その時先生はひらがなを教えていたのです。しばらくの間ひらがなを教えていて、それが終わったちょうどその時でした。すると、その後のカタカナの方に移ったかと思うと先生が「カタカナはおうちのお母さんが教えてあげて下さい」と急に言い出して、カタカナはやりませんでした。

私は驚きました。自分が小学生だったのは相当昔ですが、カタカナは先生が普通に教えていたので、教えてもらうのが当たり前だと思っていました。ところが、娘が1年生の時にはそうではなくなっていたわけです。この時、ゆとり教育による単元の削減で、カタカナは学校では教えてくれないことになったのを初めて知りました。

その時は子育てや転居による慌ただしさであまり気に留めていませんでしたが、後になって思いました。もし、家でお母さんが何らかの理由で自分の子どもにカタカナを教えてあげられなかったとしたら、その子はカタカナを知らずに学校生活を送らなければならなくなってしまうのではないか、と。

学校で教わっていないからカタカナを書いたり、読んだりできない子が出てきても不思議ではないわけです。私の場合は、何とかある程度は娘にカタカナを教えた記憶がありますが、それでも完璧には教えられなかったと思います。このようにして、単純に言ってしまうと各家庭、各個人によって学力差が大きく出てきてしまう教育の有様なのです。いわゆる教育の格差が起きてしまうのです。

それと同時に全般的に子どもたちの国語力もどんどんと削られてきてしまったのです。教育の格差が起きる状況があると書きましたが、その時に勉強についていけない子どもが一つには不登校になってしまうという面があります。皆が皆、不登校になると断言しているわけではないですが、不登校の子の中には必ずそういった背景を持つ子どもが一定数以上はいるのです。厳しい言い方ですが、学校教育のあり方が不登校を量産してしまっているとも言えるのです。

⑦新聞、テレビ等の文字にふりがなが少ししか振られていないこと

これも私個人の見解です。私の知る限りでは、主要な新聞の記事のかなり難解な言葉に関してはふりがなが振ってあります。しかし、それ以外の多くの漢字には振られていません。テレビのテロップもふりがなが振られているのが多いとは言えません。

新聞などの場合は、新聞紙面の字を少しでも見やすくするために字が大きくなり、紙面のスペースの関係で字が大きくなった分、ふりがなを振ることに制約を受けたそうなのです（とどこかで聞いたことがありますが、事実はわかりません）。私はただ字さえ大きくすればよいのかと疑問に思ってしまいます。

なぜこんなことをわざわざ書くのかというと、戦前までの新聞には漢字に全部かほとんどにふりがなが振られているのを見たことがあるからです。戦前までの時代に書かれた手紙や何かの文章を見たことがある人は、それらが明らかに達筆で美しい毛筆で書かれた文章も多かったと気づかれると思います。つまり、昔の人の字が達筆で毛筆でも字を書けたのは新聞をはじめ、いろいろな書物にふりがなが振られていたことによって字を習得しやすかったのではないかと推測したのです。

もちろん当時の日本社会は、英語やカタカナ語は今と違って比較にならないほど使用されていた単語は少なかったでしょう。そんな状況の中で、ただひたすら新聞を読んだり何かの書き物を読んだり、コミュニケーションをとったりしていたとしたら、だいたいの人は国語力が高くなったと考えられます。それに比べて今の日本人はどうでしょうか。

煩わしい英語教育やカタカナ語の氾濫、その他の要因で国語力を養う余裕を失ってしまったのではないかと思うのです。

⑧国家予算の中で教育費が占める割合が非常に低いこと

日本の国家予算の公教育の占める割合は、ＯＥＣＤ（経済協力開発機構）の中でもかなり低いとのことです。他の方はなぜ口に出さないのか、あるいはそう思っていないのかはわかりませんが、私が率直な感想を述べさせていただくと、非常に言いにくいのですが、とにかくどこの学校も校内がひどく汚いのです（おもに公立学校）。

私は何度か、小学校の教室の中に入る機会がありました。その時に他の空き室（教室）や校内全般を見る機会がたまたまあったのですが、その室内を見て驚いてしまいました。かなり汚れていたのです。しかし、ここの学校だけが汚いというのではないと思います。2人の子どもがいますので、不登校になる前は参観日や学校の行事などで時々行っていましたから、他の地域の学校も知っています。どこでも似たような感じです。

インターネットでは「中学校や高校のトイレが臭くて汚い」という書き込みがあるのを見たことがあります。しかし私が思うのは、そんな部分的な場所の汚さではなくて、校舎の入口から廊下、教室に至るまで学校全体が砂埃《すなぼこり》などで汚れているのです。特に下駄箱から廊下は砂埃でざらざらになっています。

それに不思議なのですが、私が（50歳をとっくに超えている年齢です）小中学生の頃と比較して、エアコンがついたぐらいでそれ以外はほとんど何も校内の様子が変わっていないのには少なからず驚きます。つまり、今とかなり昔とはほとんど代わり映えがしないということです。

海外の小学校の例を見てみますと、フィンランドのあくまでも一つの学校のケースであると思われますが、生徒が各々好きな姿勢で自由に授業を受けられるそうです。生徒が勉強しやすい姿勢でやるのが目的であって座ってもいいし、寝転がって仰向けで勉強をしてもいい、そんな方式だそうです。

私は別に寝転がって授業を受けるのがいいと言っているのではなくて、フィンランドの学校の教室は寝転がれるほど床がきれいなのに、日本の学校はそんな行為はとてもできないほど汚いと言いたいのです。日本の場合は服が汚れて真っ黒になり、汚くて寝転がるなどはありえない行為です。

つまり日本では、校内の設備状況には手を入れていると言っても、まだまだ衛生状態はよいとは言えないと思います（耐震工事や危険な箇所には手を加えて改修工事をされているそうです）。それはなぜかと言うと、日本は公教育にお金をかけていないということです。

このような学校設備を整えるための予算もかなり少ないと、いつか私は学校関係者の人から耳にしました。かなり手厳しい言い方で恐縮ですが、学校設備のようなハード面においてでさえおぼつかないのに、一番厄介なソフト面である教育の中身にまで真剣に取り組もうというところまではとても無理なのでしょう。

このように日本では、子どもに対しての教育には手厚くお金をかけるといった考えがなぜないのかはわかりませんが、国の根幹であり宝である子どもに対して教育費をかける方に何とか姿勢を切り替えていただきたいものです。付け加えておきますが、不登校の子どもさんの中には、学校が汚くて気持ちが悪いから行くのがいやだといった例があるそうです。

学校教育のソフト面（教育の中身）について一つ素朴に思うことがあります。子どもの無気力・不安が不登校の一番の要因であると前述しましたが、そのほかの要因には学業不振等があげられています。

この由々しき学力不振に対して、一つの解決策のヒントとなる私見を述べてみたいと思います。私は児童発達支援・放課後等デイサービスに勤めていたので子どもがまっとうに育っていくためには、いかに人手が必要かを実感しています。そう考えると素人ながら素朴に感じることがあります。子どもにとって、社会に出ていくための不可欠な要素である基礎的な学力を養う場である小学校の教員数を、１クラス１人の担任制から複数の教科の担任制（3人以上）にすれば、もう少し子どもに目が行き届きやすくなるのではないかと思うのです。このようにして、落ちこぼれがないように工夫して、基礎学力を皆が身に付けられるようにすることが必要であると思います。

中学校では教科ごとに先生が何人もいるのに小学校では一人の先生が全部を担っているのは以前から不思議だなと思っていました。ただ教師の人数を増やしただけでよいとは思いませんが、あまりに少ない人数で対処するよりも多い方が常識的に考えてよいに決まっています。

⑨インターネットが普及したこと

パソコンや携帯などのモバイルを多くの国民が使うようになりました。ワード（単語）を打ち込むと端末の方で勝手に漢字に変換してくれます。それはとても便利なのですが、私たちは辞書で漢字を引いたり意味を調べたりするような頭を使って考える作業をしなくなります。最近ではチャットGPTが物議を醸しています。実は私はこれらが子どもにとっては、よくない影響を与えるのではないかと心配してしまいます。

もう、すでにタブレット学習が学校でも定着していますが、脳科学の専門家の方にはデジタル学習は従来の学習よりも学力が身に付きにくくなるという見解を持っている人がいます。その一方では、タブレット学習も使い方によっては、非常によいツールとなります。字の読みが極端に遅かったり、読みにくい生徒や書くのに非常に苦労をする生徒等にはタブレット学習が功を奏します。デジタルには前の章でも光と影の両面があると述べましたが、周知の通り使い方次第で人の役にも立つし、悪用することもできるのです。

例えばこれもまたフィンランドを例にあげることになってしまいますが、デジタル教育をいち早く取り入れたフィンランドは、以前は学力検査（学習到達度調査ＰＩＳＡ）の結果が世界1位だったのが急落してしまったという話をネットで見ました。デジタル化によって読解力が下がったとのことです。

また、アメリカの一部の地域でデジタル学習に対して、学習効果に懸念があり、さまざまな弊害があるためにボイコットをした人たちがいるとの記事も見ました。たしかにデジタルにはよい面があるのですが、結局頭でものを考えなくさせるような使い方はどうしても避けなければならないと思います。そうしなければ、フィンランドのように今の日本もますます「読解力＝国語力」が急落して大変なことになるでしょう。大人たちはその点には十分に留意する必要があります。

最近、20歳代ぐらいの人と話していても「失う」という言葉がわからなくて、「なくす」と言い換えたらわかったという経験もあります。大人でも一般的な普通に使う言葉を知らないケースが増えていると実感しています。

もう一つの巷でのエピソードとして「かわいい」という言葉の氾濫です。この言葉は特に女性の間ではよく使われます。この「かわいい」にも時代を経るごとに派生した言葉が生まれています。「エロかわいい」「ブサかわいい」「キモかわいい」など私はそれ以外知りませんが、かわいいに何かの意味が合わさるのが10以上あるそうです。もし人が「かわいい」と口にした時には、一口に「かわいい」でもいろいろな意味合いが含まれているのでしょうね。

でも、この「かわいい」に何かの意味を付け足したとしても、結局一つの単語でそのものの状態を言い表してしまうのです。たしかに短くて便利な言葉でしょうが、本来は日本語にはいろいろな具体的な表現方法があると思われるのです。ある時、私はそのように簡単で便利な言葉である「かわいい」という言葉ばかりを使っているアパレル関係のインターネットサイトを見ていました。そのサイトの「かわいい」で済ませる文面を見ていて何か残念な気がしてなりません。それはなぜかと言うと、「かわいい」ばかりを多用していると言葉を使う人のボキャブラリーが限られてしまうように感じるからです。

専門家の方は「日本語は時代を経るごとに、世相を反映して造語などができてきて、日本語のあり方も変化してくるものである」と言っているようですが、実際は本来の日本語が話せなくなってしまっている現状があるのではないでしょうか。ただ言葉が変化している だけなのではなくて、劣化してきていると言った方がよいのではないでしょうか。

ここまで国語力が低下した要因を列挙してきましたが、それではどうすれば少しでもそれが低下せずに済むのかを考えてみたいと思います。

一時、世間がチャットGPTの話題で盛り上がったことがありました。チャットGPTを使わずとも、何かを調べる時には必ずスマホなどのモバイル機器で検索するのが当たり前になっています。機器の扱い方さえ知っていれば誰もが問いに対する答えがすぐにわかります。小中学校ですら紙の辞書は使われていないように思います。

あるテレビで、出演者の大人が小学3年生か4年生の男の子に「これはどういう意味なのかな?」とインタビューしていました。するとその子どもは「ネットで検索したらすぐにわかると思うよ」と臆面もなく答えていました。もうすでにタブレット学習の影響は出ているということです。

少し前までは紙の辞書が使われていたと思いますが、今後デジタル社会がより進むと近い将来には、子どもたちが「紙でできた辞書ってあったの? 紙の辞書ってどんなものなの?」と言い出すかもしれません。実物の百科事典や国語辞典などは見たこともない子どもが現れることも予測できます。

そうならないためにも、何らかの方策を考えなければならないと思います。今ではすでに「辞書引き学習」というのをされているそうですが、教師の方々も苦心しておられるのですね。いずれにしてもこのように紙の辞書を引く練習をして何かを調べてみる経験が必要です。とにもかくにも「紙の辞書って何？」というようにならないよう祈ります。

⑩体を動かす機会が極端に減ったこと

これまでもこの問題を提起してきましたが、もう一度この点について考えてみます。

国語力や読解力というと首から上の部分、つまり頭の部位をイメージしやすいと思います。ところが、何かを読んだり書いたりする行為自体は頭だけでなく、体全体からの影響を受けている、もしくは体全体で行われているように感じます。何かを書くという動作一つとってみても、手や指先を使って何かを書くには体の軸がしっかりしていないと、ちゃんとした動作はできないものです。

例えば、椅子に座って机で書き物をする時には、足の裏が床にしっかりと着いていなければ紙にちゃんとものを書くこともできません。つまり電車などで座っている小さな子どものように、足が床に着かずにぶらんぶらんとしていたらダメなわけです。特に毛筆は、床に座った状態で、背筋を伸ばして姿勢を整えなければうまく書くことはできないでしょう。書く動作そのものが、指先や手先だけでやるものではないということがわかります。

体の体幹をある程度強くして、軸をしっかり保つためには何が必要なのでしょうか。それは体全体を動かして身体機能を高めたり、運動能力を養うことではないでしょうか。こう書くと、手っ取り早いのがスポーツをイメージしがちですが、幼い子どもにとってはスポーツをするよりも、もっと大事な心身の発育に役立ち運動能力まで養える方法があります。

それが「運動あそび」という方法です。普通に昔の子どもがやっていた「鬼ごっこ」「縄跳び」「ゴム飛び」「電車ごっこ」「ボール遊び」「かけっこ」などの昔遊びです。それを基にして作成されたプログラムを公益財団法人などが主催している例もあるそうです。

このような、子どもに対する体を動かしながら遊ぶプログラムに参加する方法は、ネットで検索すれば情報が得られますので探してみて下さい（誰もが参加できるかはわかりませんが、「運動あそび」についてはネットではさまざまな情報として配信されています）。「運動あそび」というプログラムができた背景は、コロナ禍で体を動かすことが極端に減り、以前にも増して運動不足になってしまった子どもたちの数が激増したことだそうです。

昔は空き地や家の前の道路で、近所の子どもたちと運動あそびのようなことをよくしていたものですが、今ではなぜかやれなくなってしまいました。本来ならばできたことができなくなったのは、私がこれまで列挙してきた①～⑩の要因とも全く無関係だとは言えないと思うのです。

そんな昔の話ばかりをしてもしかたがないのですが、当時はただ外で遊ぶだけで自然と心身の発育や運動能力が高められたのです。どちらかと言うと大人が放っておいても子どもは育ったのですが、今では親やまわりの大人たちが気を配ってあげなければならない時代になりました。そのような世の中に大人がしてしまったのですから、先述したプログラム（運動あそび）を一部の民間や非営利的な組織だけで行うのではなく、もっと国が主導して官民一体で大々的に行えるように何らかの施策を講ずる必要があると思います。

現に平成23年に施行された「スポーツ基本法」という法律があります。それは昭和36年に制定されたスポーツ振興法を全面改正したもので、「スポーツを通じて幸福で豊かな生活を営むことは、国民の全ての権利」であると明記されています。ですから、不登校の子どもも、全員が体を動かせて心身の健康を保てる何らかの方策を考えるべきです。

この本来の意義を遵守し、具体的な施策を行うことが喫緊《きっきん》の課題であると思います。

日本の教育のあり方から見えるもの

①～⑩まで国語力を低下させる要因を列挙してきましたが、私はこれらとは別に今の日本の教育のあり方にも問題があると思います。少し重複するかもしれませんが、書いてみます。

「国語力を養う」とは、必ずしも多くの文字や単語を知っていたり文章が書けたりといったことだけを指すのではないと思います。今の教育の特徴である知識の断片ばかりをインプットするやり方から脱却しなければならないと思っています。そして、もっと自分の頭でしっかりと物事を考えられる頭脳を養うやり方に舵を切らなければならないと思います。それこそが国語力が養われたと言えるのではないでしょうか。

今までの教育の欠点は、質問があってそれに答える、つまり問いがあって解を出す、しかもその解は一つであるとする教育方法が採用されてきたために、「そうしなさい」「こうして下さい」と言われたらきっちりとやる傾向があるのです。さらに、自分から本来的な意味で自発的にやろうと思ってやったわけではなく、大人からのお仕着せの教育を受けている感じが強いのです。自分で考えなくて、クイズを解くようにあらかじめ決められた「問い→解」「問い→解」と延々と続くだけの教育の中で子どもが育つと、あるタイプの人間ができあがります。優秀な成績を収めれば収めるほどたくさんの知識を頭に詰め込む、ＡＩ人間のようなロボット人間ができあがってしまうような気がするのです。

今までの教育体制の中でうまく適応してきた人ほど、「教科書に書いてあったからそれは正しい」「新聞に書いてあったからそれは正しい」「テレビで言っていたからそれは正しい」などと、何事も人任せで自分では何も考えることができないのです。こういう人は受験勉強をひたすら一生懸命やってきているので、受験問題に出題される新聞の社説などをよく読んでいます。歳をとって視力が完全に衰えるまでずっと新聞だけを読み続けて「そこに書いてある事柄は正しい」となってしまうのです。

何事も疑問を抱く余裕を持ったり、いろいろと考えることをもっとするべきです。私はこのような人を「教科書人間」とか「ＡＩ人間」と言っています（私が勝手に作った言葉です）。このような「教科書人間」「ＡＩ人間」から脱却しなければ、本当の意味での国語力は養えないのではないでしょうか。

生活の乱れと偏食

ここから、日本人の食生活について考えてみます。

人にとって食べ物は最も大事なものと言っても過言ではないと言えます。小さな子どもさんのいる家では、食べ物の悩みがあるというご家庭も多いのではないでしょうか。どうしても食べられないものがある、偏食の子どもが多いと聞きます。なぜ、そこまで嫌いになってしまうのでしょうか。特に野菜などはまずくて食べられないと聞きます。

それがいつかは詳しくはわかりませんが、20～30年前だと思います。これは私個人の感想です。野菜の味が昔のとずいぶん、違ってきているのです。それは、世の中が大きく変わり現在の農業政策が以前とは変化してきたため、野菜の栽培の仕方などの変化も関係があるようです。

例えば、納豆一つとってみても昔のとは食感が違います。個人的には昔は納豆の粒が一粒一粒しっかりとして、もう少し硬めだったと記憶しています。ところが、ここ10～20年ほど前からやたらと柔らかくなってきたと思います。その硬さに関しては、年齢の若い方は昔を知らないので比較のしようがなくて、ピンとこないですよね。まあ、これは一つの例であって、野菜に限らず食品の一つひとつが微妙に、あるいは大幅に触感や味が変わってきています。つまり、食というのはその時代、時代の一般消費者の味覚や好みに合わせてそれを作る企業や生産者が、味などを変化させているのだと思います。

話がそれましたが野菜嫌いのお子さんのことに戻ります。

ずいぶん昔のことですが、その時よりも野菜の味があまりおいしくなくなったものもあるかもしれません。そもそも、おいしくない野菜なので生でいきなりバリバリと食べるのは無理があるのでしょう。これといって何ら特別なことではないのですが、私は子ども2人にはなるべく食べやすい味付け（本人が食べて好きそうな味）で、食べやすい一口サイズの大きさにするなどして調理していました。

みじん切りにして、家族の好きなおかずの中に入れることもありました。そのメニューは肉と野菜が合わさると絶妙の風味になり、大変おいしいおかずで息子が大好きです。その野菜を単独で食べるとなると、ただ苦くて青臭いと誰もが思う野菜です。しかし、この料理に入っている野菜は肉の味を引き立てるし、肉も野菜の味を引き立てているのでおいしくなるのです。

さて、このメニューは何だと思われますか。

クイズのようになってしまいましたが、これは青椒肉絲《チンジャオロース》です。ピーマンが主なのですが、シイタケやタケノコも入っています。そして、味の決め手は牛肉です。誰がこの料理の野菜の組み合わせを思いついたのかというぐらい全部の具材が渾然一体となり、おいしさを引き立てています。2人の子どもは幼い頃からピーマンが大好物だったわけではありませんが、この料理を食べるようになってからピーマンが好きになりました。

何が言いたいかというと、ピーマンのような苦くて青臭みがある野菜でも、その素材を生かすような味付けや調理方法を行えば、おいしく食べられるようになると伝えたかったのです。

あと一つ印象的な出来事がありました。私が親戚の人と数人で会食をしていた時に、大人の中に混じって一人、かなりの偏食の女の子がいたのです。彼女のお母さんによると、「ほとんどの食べ物は食べられません。食べられるのはカレーとハンバーグだけです」と聞いていました。

ところが、なんとあるものを喜びながら食べる場面に遭遇したのです。皆で幕の内弁当を食べていた時のことです。私のお弁当がおいしそうだったので、彼女にあげてみようと思い、何気なくお弁当の具材の中で欲しいものを聞いてみたのです。その後の細かい会話まではっきりと覚えていないのですが、私が漬物を「食べる?」と水を向けてスプーンの上にのせて彼女の口の方へ近づけました。すると嫌がらずにおいしそうに食べたのです。

その時の彼女は偏食が激しいとは思えないような表情で、漬物を食べながらニコニコとしていました（彼女はいやな食べ物は口から吐き出したりしてはじめから食べません）。「おいしい？」と聞いてみると、首をこくんと縦に振って「うん」と小さな声でつぶやいたのです。もしかしたら、漬物は彼女が好きなもので、その時それをたまたまあげたので食べられたのかもしれません。でも、彼女は私の見る限りでは漬物は、初めて食べたのではないかと感じました。それを見て私は、ひどい偏食の子どもさんでも比較的食べやすい食べ方があるのではないかと思いました。

不登校の子どもの中で、一定数の子に極端に偏食が激しい場合がありますが、そういった子どもにミネラルを補給できるような食事内容を少しずつでも取り入れて食べさせてあげると、体の動きや日常の動作が落ち着いてきて、健康的になってきたという例があります。

漬物は紛れもなく野菜です。彼女のお母さんは野菜など食べられるはずがないと思い込んでいたように思います。でも、ちゃんと食べたのです。日本人の古来の伝統食の漬物は単に保存食というだけではなく、野菜をおいしく食べる一つの方法だったのだと改めて思ったのです。おいしくなさそうな食材（例えば野菜とか）でも、何かしらの工夫をすれば素晴らしくおいしい味と食感で食べられるようになるということではないでしょうか。

漬物には発酵食品である糠漬《ぬかづ》けがあります。また塩漬けや粕漬け、酢漬けなどいろいろとあります。野菜が苦手な子どもにいきなり生野菜を大きく切って、そのまま渡してバリバリと食べさせるのは無理があります。野菜そのものの味を味わわせたいと考えるのはわかりますが、そもそもその野菜自体おいしくなかったら食指が動きません。そこで発酵食品の代表格である糠漬けなどを食べさせてみるというのも一つの手だと思います。

漬物などはスーパーなどですぐに手に入りますが、保存料や添加物が入っていて、ちょっと食するのにはどうかなと躊躇《ちゅうちょ》してしまいませんか。そう思うなら、ご自分で塩漬けにしたり、何かの麹《こうじ》に漬け込んでみるというのはどうでしょうか。若い人のお得意であるクックパッドやネット検索で漬物の漬け方を探してみて下さい。比較的簡単に作れる方法があるようです。

小さいうちは青臭さや苦味などが口に広がったりしないように、何らかの工夫をして食べさせてあげればよいのではないでしょうか。そのようにして野菜は、生よりも味がついている状態で食べているうちにおいしいと感じられ、だんだんと生の野菜もおいしく感じるようになっていくのだと思います。

発酵食品は、言うまでもなく人間にとっては最高の素晴らしい食品です。なぜ漬物にこだわるのかというと、私は大正15年生まれの母に育てられました。そして、その母が作った糠漬けを毎日食べて育ちました。母はおいしい漬物を作るために、当時の私はよく知りませんでしたが、毎日欠かさず、糠床を混ぜていたようなのです。朝な夕なに食卓には、大きな鉢にいっぱいのきゅうりや茄子、季節によってはかぶの糠漬けが盛られている光景が、今でも脳裏に浮かんできます。

身内の自慢をするようで恐縮ですが、私にはその漬物がどんなに素晴らしい食事よりもおいしかったし、食べた時の味が鮮烈な思い出として残っているのです。母がいつも作ってくれていた糠漬けを食べているうちに、どんな生の野菜も好きになりました。個人的ではありますが、こんな経験上、漬物のよさを知っているので、皆さんに少しだけ昔話をお話ししたのです。

しかし、これほどおいしい食べ物を食べさせてもらっているにもかかわらず、私は特段変わった調理法での食材を子どもに食べさせたわけではありません。正直に言うと、糠漬けは忙しかったのでほとんど食べさせてあげていません。

子どもが小さい時は、野菜も煮る、焼く、炒める、蒸す、揚げるなどのできるだけ火を通すやり方で、時には小さく切るだけではなくて、みじん切りにしたりしました。そして、旬のものを使いました。この紙面でわざわざ述べるほどのものではなく、ごく常識的なやり方で調理していました。でも幸いなことに2人とも、嫌いで食べられないものは全くありませんでしたので、その点は非常に親思いで楽をさせてくれていました。

もう一つお伝えしたいことがあります。野菜にせよ肉にせよ魚にせよ食材をできる限り種類を幅広く、いろいろなものを食べさせてあげるのが大事です。いろいろな食べ物を食べることによって舌が味を覚えて、味覚が発達するのではないかと思うのです。これも私の個人的な考えです。もちろん味付けにも工夫がいるでしょうし、苦味、辛味、渋味、甘味、塩味、酸味を経験していくうちに味覚が発達するのではないかとも思います。

少なくともそのようにすれば、「私は食べられるのが5種類のものだけです」とはならないと思うのですが、いかがでしょうか。

これも以前に不登校の支援施設で働いていた時のことですが、パセリとセロリの区別がつかないお子さんがいたのを覚えています。パセリとセロリは野菜だということはわかるのだけれども、何となく似ているようなものとして認識しているけれど区別がつかないようです。その子のお母さんは野菜嫌いか何かの理由で野菜はあまり食べないそうです。そんな状況ですから、パセリとセロリの区別がつかないのは当然です。このような子どもはいくらでもいそうです。

よく「焼き魚や刺身などの魚が、もともとどんな形をしていたのか？」の質問に対してどんな形かイメージができないというお子さんが多くいると聞きます。「焼き魚（切り身）の形のまま海に泳いでいるのかな」と答える子もいるとのことです。パセリ・セロリの件は家庭環境にも関係があるのでしょうが、魚の形がイメージできないことがなぜ起こったかについて述べたいと思います。

もう四半世紀近く前になるでしょうか、昔は魚屋があり、八百屋や乾物屋、果物屋、つくだ煮屋、豆腐屋など、いろいろと軒を連ねていた時代がありました。日本のどこにでもあった風景です。おまけに多くの行商の女性まで地方にはおられたのです。ところが時代の変遷とともに大型のスーパーができたり、大規模な商業施設ができたために、小売りの店舗がなくなってしまいました。それによって、専門店で食材を買えなくなりました（東京などよりも地方の大都市でその現象が多く起きています）。種類豊富な魚が店頭に並べられている魚屋で、その食材を店主とコミュニケーションをとりながら買うという光景は見られなくなりました。

そのような昔懐かしい商店を思い出すことができるのは、ぎりぎり私の世代ぐらいまでです。それ以降の世代になると買い物となると商業施設で買うのが当たり前になっています。

今は回転ずしなどのチェーン店が各地にあるので、おすしやお刺身といったような切り身の魚には親しむ機会はありますが、魚を丸ごと食べる習慣がかなり減ってきているようです。例えばいわしどころかしらす干しやちりめんじゃこでさえ食卓にのぼることは、昔ほどは見かけなくなりました。

実は、私のようなそれなりの年齢でも、魚についてはあまり知識がありません。今家で魚を焼く家がどれだけあるでしょうか。匂いが部屋につくとか、まな板が生臭くなるなどの理由で手間がかかる焼き魚などは、あまり食卓にのぼらないのではないでしょうか。それが証拠に焼き魚の小骨を取り除きながらうまく食べる人が少なくなっているように思います。ぐちゃぐちゃに食べる人をよく見かけるのです。

骨ごと魚を食べられる商品や骨をほとんど抜いている魚が売られている時代です。いろいろな原因で「魚離れ」が起きていて、魚そのものを見る機会が少なくなり、焼き魚（切り身）がそのままの形で海に泳いでいると思う子どもが存在するようになってしまったのです。これは、私たち大人の責任なのです。

食生活の変化と日本人

このような日本社会なので若者が食材の名前を知らないのは当たり前のことです。現代は外食産業やそれに類する食品がたくさんあります。ファストフードから始まって、スーパーでは半調理品、加工品、超加工食品、そして健康食品、サプリメントまで驚くほど種類が多くなりました。

皆、毎日を忙しく過ごしています。結局、時間がないので、昔のように調理の時にたくさん手を加えて作っている暇もなく、どうしても出来合いの食品に手を出してしまいます。それに現代は、コンビニエンスストアやスーパーに行けばすぐに食べられるものがいつでも売っているといった状況です。

たしかに便利な面はあります。しかし、すでにできあがった食品や超加工食品を食べることが多くなったにもかかわらず、その食品の原材料や添加物が何なのかを知ることは難しい点があります。この添加物については、他の名だたる専門家の方がいらっしゃいますので、これ以上は述べません。

私は、スーパーやコンビニエンスストアを悪いと決めつけているのではありません。スーパーやコンビニエンスストアにとても助けられています。日用雑貨やちょっとした家具や寝具、文房具など他にもいろいろ取りそろえているスーパーやショッピングモールがなければ、市民の生活は成り立たなくなるほどです。24時間営業しているコンビニエンスストアは、何かの時にはすぐに買いに走れます。災害時などは大きな力になります。

問題は、小売りの魚屋や八百屋、花屋などの商店がなくなったことだと言いたいのです。そのことで食材がコンパクトに切り分けられていたり、ビニールパックに包装されていたりするので、もともとの食材の姿がわからなくなってしまったからです。

便利さ、早さはある程度は大切かもしれませんが、人間が生活を営んでいく上での食の安全や、もっと根本的で大事なことに目を向けてほしいと願っているのです。その一方で、本来の食事ですら、小・中・高校生の子どもたちが貧困のためにまともに食べられない現実があります。そういった別の角度からの視点ですが、実際に食の貧困という問題もあるのです。

食に対する無頓着さや無知

ダイエットをしていると言っている若い女性が「今日はドーナツを1個しか食べなかった！」と自慢げに話していました。また、男子高校生がダイエット目的と称して「痩せようと思っているので、ポテトチップスを食べているんです」と言っているのをテレビで見たことがあります。

言うまでもなくドーナツやポテトチップスは油で揚げてあって脂質と炭水化物のかたまりですし、ドーナツには多量の糖分が入っています。この若者たちはそのような常識を知らないのでしょうか。ダイエットをするならもう少しカロリーの低い食品を選びそうですが、なぜドーナツやポテトチップスを選ぶのでしょうか。

インターネットにもいろいろな栄養に関する情報サイトが多数あります。そのような情報があるにもかかわらず、なぜか食べ物や栄養に関しては無頓着な人が多いようです。

あまりにも食や栄養に関する情報が溢れ過ぎているので、かえってわからなくなってしまうのかもしれません。でも、信じられないほど食に関して無頓着な人がいるのも事実ではないでしょうか。

これもダイエットをしている人の発言ですが、「今日はクッキーとチョコレートを2〜3個だけ食べた」とか「朝は毎日、好きなアイスクリーム（市販）だけを食べています」「菓子パンだけ食べてきました」などと言っていて、まともな食事をしていないようなのです。

それに日本には最近ある一つの傾向があります。

それは〝甘いもの〟が多過ぎることです。甘いものとはお菓子類だけではありません。食事の時のかなり甘口のおかずや市販の食品全般を指します。とにかく私には、世の中にお菓子などや甘いもの（飲料も含めて）が洪水のように溢れかえっているように思えます。

たしかに、疲れた時には甘いものが食べたくなります。食べるとおいしいので、また、食べたくなってしまうのです。口当たりがよいのでいくらでも食べたくなってしまうことから、専門家の中には、砂糖や人工甘味料は依存症になると言う人もいます。

街のショッピングセンターやデパ地下やグルメショップが立ち並んでいる通りに行くと、ありとあらゆる甘い香りを放つ店がひしめき合っていると思いませんか。私たち日本人は、体が砂糖漬けになっているのかもしれません。テレビのCMや番組も食べ物ばかりの場面が多くて、特にお菓子（スイーツ）の番組も多いと思いませんか。テレビを見ているとそんな食べ物の場面ばかりを見せられるので、誰でも食べたくなるのは当然です。メディアの影響は大きいです。

昭和30年代くらいまでは、今ほど甘い食事をとらなかったと記憶しています。生活習慣病が多くなっているのは、もしかしたらこのような食事の影響があるのかもしれません。

テレビと言えば、CMや食べ物番組などでタレントが食レポをする時にひどく誇張して「おいしい〜!」と、顔をくしゃくしゃにして叫び声に似たしゃべり方をしているのを見ます。このような映像ばかりを視聴者が見せられると、「おいしい食べ物が食べたくなる」という気持ちにさせられ、その次には「おいしいものは一番よい」といった感覚にとらわれるようになるのではないかと思います。このようにメディアの影響もあり、「おいしいものが食べたい」という意識が強くなり、日本人の食志向がおいしいものばかりを追求するようになってきているのです。食品メーカーや生産者がおいしいものを作ることに力を入れるのは、消費者が味ばかりを追求するようになったことが背景にありそうです。

実はここに、もう一つ重要なことが加わります。

先ほどから書いている「おいしい」に「早く作れて食べられる」が加わるのです。これだけ条件がそろうと大変便利なのですが、何か大事なことを忘れてはいないでしょうか。安心と安全です。ネットや本などで叫ばれるようになってきましたが、口にして体に入れるものが安心で安全なものでないとしたら、私たち人間の体はいったい、どうなるのでしょうか。未来を担っていく子どもたちが口にするものについて心配になりませんか。

ところで、とあるテレビ番組に出演している人が「社長から世の中にないような目新しいものを作れ」と言われたので、「それならばいっそのこと早く作れてすぐに食べられるようにしたらよいのではないかと思った」と言っていた場面を見ました。その人は「洗濯機や掃除機は自分でやらずに全部してくれるのに、なぜ食事だけがこんなに時間がかかるのか、と疑問に思っていた。だから、食べ物はすぐに食べられるのがいいんです」と話したのです。

でも実際は、洗濯機や掃除機も使っていると中が汚れてくるので、それ自体をメンテナンスしなければならず大変な手間がかかるようになります。機械だから故障もします。実際は全部してくれるわけではないのです。そんな魔法のようなものは、この世の中にはないのです。たしかに家族3人分の洗濯をするのは全部手洗いしていたら大変なので、洗濯機はなければ困りますが。何が言いたいかというと、安直さや早さを求めても、それを引き換えに何かがなくなると言いたいのです。

食品に関して言えば、食材を食べられるようにするには本来ならば切ったり、焼いたり煮たりしなければならないわけです。それをショートカットしてすぐに口に入る、しかもおいしく作り上げるには、必ず何らかの処理が必要です。それが、まさに食品添加物であり、今それらの問題は専門家の間でもさまざまな意見があって物議を醸しています。とにかく私は食の安全性は、いくら追求したとしても追求し過ぎることはないと思っています。

言葉は悪いかもしれませんが、私はこのような短絡的思考は、今まで書いてきた効率主義の発想から出た価値観と言えるのではないかと思います。

日本では、かなり前から農産物の自給率が他の諸外国と比べて極端に低いのです。しかも多くの親御さんが心配されているであろう添加物や農薬の問題などで、食の安全も保たれていない食糧事情があります。

ダイエットしたり、他に何かの理由で栄養がとれないならいつでも安直にサプリメントで補えばよいといって、人間にとって非常に大切な営みである食を軽く見る風潮があります。食べたものは全て私たちの体になるわけです。ということは、食の軽視は人間の軽視につながります。人間の軽視は不登校問題ともどこかでつながっているのではないでしょうか。

食に関わる仕事をされている方たちは、今後も食に対して一層、真摯な姿勢を持って取り組んでいただきたいと思います。

一見、飽食の時代のように見えて、実は日本人の食生活はかなり乱れています。私たちの二世代前あたりが、当たり前のように食べていた日本の伝統的な食事内容を、今一度見直してみることが必要なのではないでしょうか。

ここでいくつかの例をあげてみます。

	昔	今
①	お茶は急須で入れて飲む	ペットボトルのお茶を飲む
	飲み物はコップか湯呑みで飲む	飲み物はペットボトルで飲む
②	お米はたくさん食べておかずは少なめ	お米は食べずにおかずを多めでお菓子類を多食する
③	おにぎりはお母さんが手で握って作る	おにぎりは店（コンビニエンスストアかスーパー）で買う

そもそも今は、店に湯呑みを買いに行こうと思っても置いていないのです。スーパーの食器など日用品コーナーにはほとんど湯呑みがないので驚きます。しかたがないので、ネ

ットショップで購入するしかありませんが、在庫数が少ないのか売り切れが多いです。いつ頃かははっきりとはわかりませんが、かなり前（15年くらい前？）まではスーパーの家庭用品売り場の食器のコーナーには湯呑みが何種類もところせましと置かれていましたが、今は種類も数もごくわずかです。

おそらく家でお湯を沸かして急須でお茶を飲む人が少なくなってしまったからでしょう。それだけ人間が忙しくなって家でゆっくりとお茶を入れる余裕（時間も）がなくなってしまったのでしょうか。

そういった消費者の動向をすぐに見極めて飲料メーカーもお茶やいろいろな飲み物を販売するようになりました。というよりも、もしかしたらメーカーの方がいち早くペットボトルでお茶を販売するようになったのかもしれません。

どちらが先か後かはわかりませんが、ここ十数年の間にペットボトルの飲料の種類の多いことといったらそれは大変な数になります。飲料メーカーが悪いと言っているのではなく、家でお茶を入れる日本人本来の習慣がなくなりつつあるので、それによって今後日本人に心身両面で何らかの影響があるかもしれないと憂いているだけです。ペットボトルの飲料自体は災害時や急な時には非常に便利なものですから、もちろん大きな価値はあるのです。それにお茶以外にもおいしく手軽に飲めるものが増えたので、ますます家庭の中でお茶を入れるという行為からは離れていくのです。

結局、私は世間の人々が昔と比べて日々何かと忙しくなったことが、一番お茶離れを引き起こした原因ではないかとも思うのですが、皆さんはどう思われますか。本来ならば心の安らぎであった日本茶を入れて、ほっこりとした気持ちになっておいしいお茶をいただく時間がなくなってしまったと言っても過言ではありません。

昔は自宅でこういったお茶を入れる間に親子や家族の会話ができたと思うのです。しかし、今ではあまりそんな光景は見られなくなったでしょう。

現代の食生活がこういった状況になるまでには、先の大戦が終わって10年ほどしてから食習慣が欧米化してきた背景があると言われています。それでもまだ平成の初頭頃までは急須でお茶を飲むのは普通のことでした。しかし、その後ペットボトル飲料が台頭してきました。実はそれと同時に食生活の欧米化で生活習慣病が多発してきたのです。生活習慣病の詳しい内容については、専門家の方がいろいろと言及されていますのでこれ以上述べません。

食に関して何かの研究をしている専門家ではありませんが、浅はかながら、私なりに勉強をしてきた結果、ある結論を出しました。それは、生活習慣病が増えたのは、食の欧米化と何も関係がないとはとうてい言い切ることはできないということです。

私は今一度、和食のよさを見直してみるよい機会であると思うのです。

そこで、日本人の戦前の食事についてですが、大正15年生まれの私の母が子どもの頃には、熱を出した時にみみずを取ってきて煎じてその液を飲んで治した（解熱）とよく聞かされました。母は幼い時に実母を亡くしているので育ての親がよくしてくれたそうです。昔ですから、今とは違ってみみずはどこにでもいたのでしょう。

民間療法もいろいろとあったのでしょうが、それ以上に食べ物の種類が多いというか食品が多彩であったと両親から聞いたことがあります。私の親はごく平均的な食生活をしていて、食べていたものが特に多いということはありません。その両親が一般的な感覚で言っているのです。

明治期初頭に、イザベラ・バードというイギリスからの旅行作家が訪日した時の詳細を著した本にも、日本食は非常に種類が豊富であると書かれています。現代の私たちが何となく抱く「昔は食べ物が貧弱であったのではないか？」というイメージはあまり当たっていないのかもしれません。

過度なダイエット願望

最近の若い女性の抱えている問題について述べます。女性（特に若い女性）にはなぜか、痩せたいという願望が多くあります。この「痩せ志向」には二つの大きな問題があります。

一つは、食生活の偏りや乱れが体や健康状態にまで及んでいるといった重大な問題です。例えば、先述したような食べるものを超加工食品（コンビニエンスストアですぐに食べられる出来合いの食品など）やお菓子類を少しだけ食べて済ませてしまう食事です。そして、ご飯はほとんど食べずに済ませる。サプリメントのような一日に必要な栄養が入っていると記載してある補助食品を主にして他の食べ物はほとんど食べない。このようにまともな食事をとらないことです。

なぜここまで若い女性の食が細くなったかというと、食べ物を口にすると太ってしまうし、醜くなると思っているからです。そのことによって、中高校生の女子の中にはひどい発育不良の人が増えてきているそうです。それが将来にわたって骨密度が低下したり、身体のさまざまな機能が衰えてしまうことが大きな問題となっています。つまり、たいして太っていない人が無理に痩せようとする現象があるのです。

では次に二つ目の問題について述べます。この最近の痩せ志向というのは、現在だけではなく、数十年前から日本には存在していました。1967年にイギリスからツイッギーというモデルが来日して、その後日本で芸能活動を行い、すっかりお茶の間のアイドルとなったそうです。彼女は大変な痩身で、身長も当時の日本女性の平均身長よりも（今でも）かなり高かったので、スタイルがよいとか美しいと相当騒がれたようです（当時の実際のイギリス人女性が皆、ツイッギーのような体形をしていたわけではないそうです）。

そして、ツイッギーが穿いていたミニスカートを、日本のファッション業界がこぞって流行らせたようです（ちなみに当時は、あの痩身のオードリー・ヘプバーンも人気がありました）。おそらく日本の若い女性たちはそのような女優に憧れて、ミニスカートが似合うような細くて長い脚になりたいと強く望んだのでしょう。

そういったエピソードがあって、当時の日本女性の心の奥底に痩身願望が根付き始めたと言えるのではないかと私は考えています。少なくともこのエピソードが女性の痩身願望への一つのきっかけにはなったと言えるでしょう。

ですがこれは一つの例であって、戦後の短期間のうちに、もともと日本にあった生活様式や価値観までもが西洋式に変化してきたのです（さまざまな国家間の政治の諸事情により変化させられたと言ってもいいでしょう）。戦後まもなくして、欧米からこのような情報の第一波の波が押し寄せてきたわけです。

たしかに戦前の大正時代にも、人々は大正デモクラシーの影響を大いに受けていたので、すでに西洋に対する憧れは持っていたとは思います。ですが、ここまでの強い痩身願望を戦前の人が持っていたかというと、私は疑問に感じます。

前に食生活の欧米化によって日本食が廃れつつあると書きました。ところがこれと同時に、日本人の個々人の美意識までも、欧米から持ち込まれた価値観を受け入れてしまっているのです。日本人は他国のさまざまな文化や技術を取り入れ、それを日本流にアレンジして融合させてよいものを生み出してきた過去があります。それが私たちの日本の一番の強みと言っても過言ではないのです。

しかし、日本人には日本人の特徴やよさ、独自の何かがあるはずです。それどころか私たちも一人ひとりが皆違う顔をしているし、同じ人間はいないのです。にもかかわらず、かなりの期間、痩身願望や西洋かぶれな傾向が見られます。最近では、インスタグラムなどでは濃い化粧をして、明らかに日本人ではなさそうな顔を人工的に作ったり、あいもかわらずファッション業界でも西洋人のモデルばかりを起用したりしています（日本国内で販売する商品なので、私たち日本女性に向けての宣伝のはずなのに)。

いくら西洋人の真似をしようとも紛れもなく、私たちは日本人なのであって、どんなに西洋人になろうとしてもなれないのです。本当は、今こそ日本人としてのアイデンティティを確立して、誇りを持たなければならない時がきているのではないでしょうか。

この痩せ志向の重大な問題とは、一つが身体的な健康を損ねる面で、二つ目がまわりの真似事をして付和雷同し、自分たちのよさを認めず、自己肯定感が低い心根、つまり精神的な損失です。

日本女性はこの二つの面から危機に瀕していると認識するべきです。不登校の女子生徒の中には、自分がファッション業界やメディアの宣伝する体形や顔に合っていないために、まわりからけなされて自分を卑下して卑屈になって不登校になる人もいると聞きます。

あらゆる問題が起こることによって、社会では閉塞感と大きなひずみが生じます。その中では、子どもや若者という弱い立場の人たちにしわよせがきて、彼らが何かしらのサインを出しているように感じてなりません。

そのサインがまさに不登校という現象なのです。

なぜ自殺する若者が増えたのか？

昨今の親子関係では、子どもが親（母親ですら）に対して自分の悩みを――例えば学校でいじめにあっていることなどを、話したがらない傾向があることがわかってきました。

前述した外発的、内発的動機づけのところでは、特殊詐欺の受け子少年の例を取り上げました。その番組では、詐欺グループの人間が、普通の若者を受け子として使うには一つの理由があると伝えていました。それは、今の若者は悩みがあってもめったなことでは親には打ち明けないという特徴を利用したと言っていたのです。

つまり、そこに付け込んで若者に犯罪を担わせることを考えたと番組では話していました。余談になりますが、悪知恵が働く人間はどこまでも自分の利益になるように物事を運べるのだ、と変に感心したのですが……。

ここで、自殺のことについて少し冷静に考えてみます。なぜ自殺が多くなったかという点です。若者も含めて、大人が自分の親類であっても他人であっても、人に対して、悩みや困っていることを話せず、ましてや相談などできないことが自殺の背景にあるのではないかと私は推測しています。

今の時代は人によっては直接、誰かに面と向かって自分の悩みや弱音は話さずに、SNSの匿名で言いたいことを投稿する場合も多々あります。私はインターネットのサイトの書き込みをいろいろと見ていますと、どうしても感じることがあります（女性向けのサイトです）。それはかなりの人が、悩みや不安を他人へ打ち明けるどころか、自分の考えや本音の段階で、それを他人に伝える行為すら避けている傾向が非常に強いと感じました。

つまり自分の考えや気持ち、そういった本音を外に出したり、表したりするのを避けたいというか、表すのが怖いのではないかと思うのです。自分の本心を伝えて真剣な態度をとると、人から煙たがられたり変な人と思われるのではないかと疑心暗鬼になってしまうのでは、と思っています。それに物事に対して、本当に純粋に真面目に取り組んでいたり、逆にネガティブな気持ちや発言をしたりすると、そのような人をどこかでバカにしてしまったり、気後れして引いてしまうところがありそうです。

とにかく、人との関係は表面的でうわべだけの付き合いでやっていこうとする人が、昔よりも増えたように感じます。女子中学生、女子高校生の人間関係は非常に難しくて、少しでも違ったことをしたり、異論を唱えるとすぐに排除されると聞きます。それは大人の世界でも、大なり小なり同じようなものです。ですから、出る杭は打たれないように、皆同じ駒であることを相手に示すために、本音を出さないようにしているのです。そうしないと自分がひどい目にあうのが怖いからです。

当然、昔からこういったことはありますが、私は最近特にその傾向が強くなってきたと感じます。なぜそのようになってきたのかはよくわかりませんが、先ほど書いたように、思ったことが少しでもネガティブな内容ならば、SNSで書き込むことができるようになった分、直接伝える必要は少なくなったとは考えられないでしょうか。

それにしても、なぜ現代では一番大好きであろうはずのお母さんにも悩みを話したりできなくなったのかが不思議ですね。やはり一つには、家族同士の語らいや対話の場が以前よりも少なくなったからではないでしょうか。親子でお茶を飲みながらゆっくり話す機会が減ったことも、大いに影響していると思うのです。

それと同時に、親などの身近な人の言うことよりも、インターネットの誰だかわからない人やインフルエンサーと呼ばれる人の言うことの方が正しいと思ってしまう習性が作られつつあるのかもしれません。もし、そのインフルエンサーの人が言ってることが間違っていたら大変ですが……。

最近は、親子で一緒に食事をしていても、お母さんも子どもも何も話さずにスマホの方ばかりを見ている食事風景をよく見かけます。とにかく最近は、皆がスマホには向き合っていますが家族には向き合っていない現実があります。離れて暮らす家族同士では、電話で話さずに、スマホのコミュニケーションアプリでメッセージを送ってお互いに意思を伝達するのが普通になってしまいました。

電話では話者同士が顔は見えないけれど、お互いの声を聞きながら会話ができます。その声の調子やトーンで相手の気持ちを推測できるし、人は想像力も働かせることができます。だから、何か伝わってくるものがあるのです。それに比べてデジタルの画面での文字だけのメッセージでは、全く相手の表情がわかりません。私はこのようなコミュニケーションの仕方は人間らしさが欠けていると思います。

もともとはインターネットのかけらもなかった時代には、人と人が意思の伝達をする方法は、電話か直接会って話すか、手紙やはがき、ファックスでした。昔はコミュニケーションの手段がこれしかなかったので、私はそれだからこそ今よりも、もっと思いを伝えようとする意識が強かったのではないかと考えています。

話が飛躍しましたが、冒頭にあった「なぜ自殺する若者が増えたのか?」の理由は、このようにインターネットの影響と同時に、考えや本音を出せなくなったことが背景にあると私は考えています。端的に言えば、心の触れ合いの機会が極端に減ったのが問題なのだと言えます。

この、若者の自殺が多くなったことと、誰にも相談ができないのはなぜかという問いは、不登校問題と非常に密接にリンクした事柄であることは言うまでもありません。

第6章

今後の日本社会のあるべき姿

人とのつながりの希薄さからの脱却

昔から「長幼の序」という言葉があるのをご存じのことと思います。年長者と年少者の間にある秩序を意味し、年少者は年長者を敬い、年長者は年少者を慈しまなければならない、という意味です。

最近では「年長者を尊敬する」といった観念は、古びた言葉だと感じる人もいるでしょう。それに子どもや若者が本当に尊敬できる大人はどれぐらいいるでしょうか。

この言葉が表すような互いに尊敬したり、慈しんだりする人間関係は、社会にとって当然必要なものであると思われます。こういう関係があるからこそ、人間社会は一体感が生まれるのですが、昔はそれなりにあった一体感というものが今ではかなり薄れてきているようです。親子関係が希薄になってきたのと同時に、日本人としての一体感が薄れ、互いの信頼関係を築きにくくなっているように感じます。

ところで私の大正15年生まれの亡父の言っていた言葉が印象的でしたので、ここでお伝えしたいと思います。今から十数年前のことです。私と父と母の3人で話をしていました。具体的に何を話していたか、詳しくは覚えていないのですが、「地域で何か困ったことがあった時にはどうするか？」といった内容だったと思います。

父は「昔は人が困っている時は、あまり知らない人でも皆で助け合って暮らしていたのでその人を助けたのに、今はもう全くそういうことがなくなってしまった……」と寂しそうに話していたのです。

私はその後、日本の近代の歴史について調べてみると、父がまだ「互いに助け合うような気持ちを持って過ごしていた」と言った時代は、だいたい昭和60年くらいまでではないかと思ったのです（年代については人によって考え方はいろいろだと思います）。

わざわざ人間同士が希薄になったことをここで持ち出したのは、こういった父の発言が鮮明に心に残ったから、その意味についてお伝えしたかったのです。私自身も父が言った言葉の意味が当時でも何となくわかったのですが、人のつながりの希薄感や一体感のなさは、今ではひしひしと感じるようになりました。

亡き母のエピソードと助け合い社会

亡き父の言葉である「昔は人が助け合っていた」という事柄に関連したエピソードを書きたいと思います。亡き母も父と同じ大正15年生まれでした。私の母は8～9歳で実母と死に別れました。その後、16歳の時に実父とも死別しました。

実はその父親が、ひどく厳しいしつけをする人だったそうですが、6人兄弟の中で母にだけ特別につらくあたって厳しかったと、よく母から話を聞かされたものです。父から暴力を振るわれたことや、しつけと称して蔵に閉じ込められたり、食事も食べさせてもらえなかったと、悲しさに震えながら私に語ったのです。

他の兄弟にはそんな厳しい仕打ちなどしなかったのですが、なぜ母にだけそのような態度をとったのかは、他の兄弟もわからなかったと言っていたようです。母はいつも、声を振り絞って自分の父親に対する抗議や、なぜ自分にそのような態度をとったのかという疑問と切ない気持ちを混ぜ合わせたかのように切々と話すのです。

私は、虐待と言ってもよい仕打ちを受けた母がかわいそうでなりませんでした。その時の悲しそうな母の姿が、今まで私が母と一緒に過ごしてきた時間の中で一番悲しく辛い姿です。

しかし、それだけではありません。物心がついた頃に実母を病気で亡くした時には、兄弟皆が病室に集まり、今際《いまわ》の際《きわ》の母親と別れたと聞きました。その時の心細く悲しい気持ちを目に涙を浮かべて、声を振り絞りながら話す母の姿を私は生涯忘れません。

母の母親は体が弱く、家事ができなかったようで、家事や子どもの世話をしてくれる婆やさんがいたと聞きました（母がその人を「婆や」と呼んでいました）。

今で言う家政婦さんなのですが、その方は母たちの家に住み込みで6人の子どもの世話をしながら寝食を共にして下さったそう。母親も早くに亡くなってしまったので、文字通り婆やさんが母親の代わりのような存在だったようです。しかも婆やさんにも実の子どもさんが3人おられたと聞きました。

なんと、自分の子どもたちを自分の家に置いたまま、母たち兄弟を世話してくれたのですから驚きます。婆やさんは母たちが学校に行っている間や何かの頃合いを見て、時々ご自身のお子さんのところへ帰っておられたようなのです。どれほど心優しく、愛情深い人なのかと感嘆しました。

母はこの婆やさんが誰よりも大好きでした。それは、母が実父から虐待のような目にあっていたので、婆やさんがいつもかばってくれたからです。母は婆やさんが自分のことをとても大事に育ててくれたと言っていました。その後成人してからも母が高齢になってもずっと婆やさんのことは、本当の母親のように慕っていました。

母は、私の実家のお仏壇に、他人である婆やさんのお位牌を大切にしまっておいたほどです。実の子どもさんに頼みこんで、婆やさんのお位牌を分けてもらったと聞きました（もしかしたら、お位牌ではなく戒名が書かれているお札のようなものかもしれませんが）。

婆やさんに対する愛情は、実の母親以上であると母からたびたび聞かされていましたので、婆やさんに対して非常に強い愛情を感じているのが、子どもである私にもよくわかりました。

虐待を受けた母が、まっとうに生きてこられたのは、この婆やさんの存在があったからなのは言うまでもないことです。母にとって婆やさんは命の恩人であると言っても言い過ぎではないのです。

道徳心を育む社会へ

長々と昔話を書きましたが、なぜ私がわざわざ母と婆やさんの関係を書いたのかについてこれから述べます。

婆やさんのように、なぜこれほど愛情深く他人の子どもに思いをかけることができたのか。なぜ、ここまで情が深いのかと少し不思議に感じたのです。そして「今では他人の子どもをここまでして一生懸命に何の見返りもなく育てる人はいません」と言い切れるほどの行為をなぜこの人はできたのかという疑問が湧いたのです。

この疑問についてここでは、先ほど述べた父の言葉の「昔は人同士が助け合っていた」の意味の理由とこの婆やさんの一件とを絡めて述べていきます。

時代はさかのぼりますが、母が生まれた大正15年の3年前に関東大震災があり、私はその大災害の直後も東京の人々が皆、手に手を取って助け合って災いを乗り越えてきたというエピソードがあったと知りました。

ここで、前章でも述べました明治時代前半にイギリスから日本にやってきた旅行作家のイザベラ・バードという女性が書いた旅行記に書かれている内容を紹介します。この女性は海外からの女性としては初めての旅行者となっていますが、日本中をつぶさに見て回った後に旅行記を出版しており、さまざまな日本人に対する感想を述べています。

日本人に対して「他人の子どもでも自分の子どものように大事に接し、よく世話をするので驚いた」とか「日本人は朝から晩までどんな人もよく働く」などの感想を述べています。他にも事細かに観察していて、日本人に対しては何の忌憚《きたん》もない感想を書いています。

私が読んでも当時（明治時代前半）の日本人の生活の状況がよくわかります。今、私たちが想像している当時の生活が、実際とはかなりかけ離れている点が多々あります。また、同じぐらいの時期に来日して視察をしに来た多くの外国人によって「日本人は礼儀正しい。心優しい。争いごとを好まない。勤勉である。和を貴ぶ……」と書かれた記録も残っているようです。

調べてみればみるほど、戦前やそれ以前の日本人は、現代の日本人よりも道徳心が高かったようだということがわかってきました。先ほど書いた関東大震災直後も、人々が力を合わせて、あの苦難を愚痴もこぼさずに乗り越えてきた史実は、視察に来た外国人が率直に感じた評価と合致すると思います。

ただ、時の流れの中ではさまざまな事象が起こっていますので、歴史研究者の中には違った角度から日本人を見ている人もいます（歴史研究者にはさまざまな見解があります）。

しかし要するに私の母が幼少期に体験したエピソードを紐解いていくと、そのような歴史的背景があったのだということを事実として紹介しました。

惻隠《そくいん》の情

当時は道徳心が高くて情も深かったので、母の婆やさんのように何の見返りも要求せずに他人の子どもに愛情を注ぐことができたと私は考えます。この婆やさんの行為は、まさに人を哀れむ気持ちからきていると思います。それを「惻隠《そくいん》の情」と言います。

この「惻隠の情」という言葉は、私が以前に読んだ本に書かれていました。なぜか、気になっていた言葉だったのですが、単にその言葉の字面だけでわかったつもりになっていました。しかし、真の意味は知りませんでした。

ところがある時、婆やさんのエピソードを思い出した時に、初めてこの言葉の意味を本質的に理解ができました。これこそが「惻隠の情」なのだと実感したのです。

人は、本来は惻隠の情を持たねばならないのです。婆やさんのエピソードを持ち出したのは、当時の人が道徳心が高かったという点や惻隠の情を持って人に接することができた。ひいては日本人の気持ちに一体感があったということを理解しやすいように例としてあげたのです。

日本的経営を見直す

かくして、本来の日本人の美徳であるよい面がなくなりつつある時代へと変化していきました。特にバブルがはじけて、非正規雇用が増加しつつある頃、徐々に産業界でも大きな変化が表れ始めました。

日本のお家芸と言われた、ものづくりの面で日本の伝統的な企業のあり方であるいわゆる「日本的経営」からの離脱です。「日本的経営」のメリットとデメリットは両方あるわけですが、そのメリットの部分が功を奏したからこそ当時、製造業等で日本が世界の中でナンバーワンになれたのではないでしょうか。そのキャッチフレーズが、あの「ジャパンアズナンバーワン」です。

この「日本的経営」のよい点は、企業で立場の違う社員同士が損得勘定抜きに一丸となって品質のよい商品を生み出そうとした点です（TQC活動等の品質向上を目指した企業活動があります）。つまり当時はまだ一体感があったのです。

その一体感が崩れ始めたのです。崩れ始めたのはいくつかの複雑な要因があるそうですが、やはり何と言っても成果主義による収益追求とコスト削減や株主資本主義が大きな要因であると言われています。その頃から、大企業によるデータ改ざん事件やさまざまな不祥事が多発してきました。

つまり、道徳心が薄れることによって、①自分さえ良ければよい、②儲かりさえすればよい、③後世の人間がどうなろうとかまわない、といった価値観がはびこってきたのです。

ここまで私が書いてきたことは、今の時代が過去の時代より悪いと述べているように受け取られるかもしれません。でも私は、過去の時代が無条件に何もかもがよいと言っているのではありません。過去に生きていた人間が誰もが幸福だったことはありえませんし、昔の人の皆の行いが正しかったと言っているのでもないのです。

しかしです。ここ数十年のうちに歯車が狂ってきて、何かが違ってきてしまったのは否めない事実であるとは思いませんか。これまで惻隠の情とか道徳心とかいろいろと書いてきましたが、とにかく今の世の中は、何でもかんでもギブアンドテイクではないですか。何かをしてもらった見返りに何かをしてあげる、という価値観ですね。

親子の間柄でも、子どものあなたにこれだけお金をかけたから将来○○になってほしいとか、親である私の世話をしてほしいなどと言います。親の世話をしてほしいというのは、さすがに私も気持ちだけはよくわかりますが……。とは言っても、人の世には一つや二つ、無償の愛や見返りを求めない愛というのがあってもよいのではないでしょうか。やはり、昔は今よりもそういう気持ちがあったのではないかと思ってしまいます。

最近、「新自由主義による弊害」という言葉が、インターネットや著述でも大々的に叫ばれていますが、まさにその言葉通りの現象が次から次へと起こっています。

先述したこの①②③の呪縛から抜け出さない限り、不登校問題は少しも解決などしません。

私はこのような世の中だからこそ不登校生が多く出てきたのだと思っています。

今まで述べてきた、新自由主義の思想から生まれた、行き過ぎた効率性、利益追求の価値観が現在の社会を覆いつくしています。本能的にそのような価値観に対して、アレルギーを持つ若者たちが、そこから抜け出したいがために不登校というドロップアウトをする形でそういう選択を本能的に選んだのだ。私はそう思っているのです。

いったい、これからの日本の将来はどうなっていくのでしょうか。

何もしないで何らかの方策をとらなければ、ますます不登校問題は拡大していくに違いありません。遅きに失するのですが、国をあげて不登校問題を真剣に考え、今まで私が述べてきた教育のあり方を考え直さなければなりません。

戦時を生きた母の教え

母がぽつりと言った、もう一つの言葉が鮮烈な印象として残っています。第二次世界大戦の時の話です。今では誰からも聞くことのできなくなった昔に起こった本当の体験についてです。このような実際の体験を、孫子《まごこ》に語り継がなければならないと思い、この紙面で紹介することにしました。

母は戦時中のことはなかなか話したがらなかったので、よほどいやな体験をしたのだと思っていたのです。ところが、母が亡くなる数年前であったと思います。毎年、夏になると放映される先の大戦のドキュメンタリー番組を見ました。そして、番組では特攻隊の話題が取り上げられたのです。

番組の趣旨は、「特攻隊の人たちはしなくてよい戦争のために、そして戦争を無理に推し進めようとしたある日本人たちのために無駄死にさせられたのだ。若い命を犬死にさせた人たちが悪い」とあたかも言いたげでした。

その番組が終わった後に母は言いました。「そうじゃない。あの人たちは犬死にしたんじゃない。本当に日本という国を信じて特攻隊に行ったのよ。皆、まわりの人たちもそう信じていたのよ」と言葉少なげに言いました。言葉少なげですが、しっかりとした口調で話しました。

つまり、母は国のある一部の人たちが若者を無理やり特攻隊にやらせて無駄死にさせたということに異を唱えていました。私はそう受け取ったのです。あの時の母の目は、遠くを見つめていて心静かに落ち着いていていましたが、しみじみと語ったのです。母は真剣な表情をしていましたし、母の言った言葉にはごまかしや嘘はなかったと思います。

現在の戦前、戦中、戦後の歴史に関する書籍には、さまざまな見解が述べられていますが、当時生きていて、戦時中の真っ只中で過ごした人の実体験には真実味があります。母が当時の心の中にあったままを、何かのフィルターを通さずに率直に話してくれたことを、次世代の人に伝える作業が私は非常に大切であると思っています。

母のこのつぶやきは、人によっては戦争を美化しているように受け取る場合もあるでしょうが、当事者が本当に感じていたことをありのままに言っただけです。

ただ戦時中には、いろいろなエピソードがあって、特攻隊の人が突撃する日が近づいた時には精神錯乱状態になる人がおられたので向精神薬を飲まされたといった話もあります。また、父が戦争に行っていた時には、上官の人に気に入らない話をすると拳《こぶし》で顔をまともに殴られるので、誰かに「殴られる時には必ず奥歯を食いしばらないと歯がばらばらに折れるので、奥歯をしっかり噛まないとダメだぞ」とアドバイスされたと父に聞きました。

何しろあのように我が国に焼夷弾という激しい空爆が東京全体だけでも100を超えるとされていて、2回も原爆を落とされました。そんなパニック状態で非常に混乱した時代でしたので皆、心理状態が正常ではないと言ってもいいわけで、今では考えられないエピソードがいろいろとあるのです。

誤解のないように書きます。私が戦時中を生きていたわけではないので、当時のそれぞれの人の本当の気持ちや考えはわかるはずなど、ありえません。しかし、このような母の率直な気持ちに触れたり、戦前から戦後についてのさまざまな資料を読んだり専門家の人の話を聞いていると、私は従来の一方的な歴史認識にはどうしても何か違和感を覚えざるをえないのです。「外国に勝つために日本人が戦争に行くのは正しい。だから死ぬのはしかたがないのだ」とは言っていません。決してそんなことはありませんし、思ってもいないことです。

私たちはもっと、特攻隊の方々の本心というか、深い思いに耳を傾けるべきだと言いたいのです。この特攻隊の件については国内でも種々の考え方があって、この問題については結論を出せません。先の大戦では、戦地へ行かれた兵士の方々に加えて、国内外のおびただしい数の日本国民が亡くなりました。そのことが痛恨の極みです。このような甚大な損害を被らなければならなかった本当の理由については、これからも検証が進んでいくことでしょう。

いずれにしても、当時たくさんの方が亡くなられたこと、その多くの死をしっかりと認識しつつ、こういった過去の歴史で苦しい思いをした人がおられたことに心を寄せて、私たちの暮らしがその方たちの犠牲の上に成立している事実を忘れてはならないと思います。

私はここ10年ほどの間に日本の歴史について勉強をする機会に恵まれました。手前味噌ですが、その勉強をすればするほど、日本人はもともと共生の精神を育んできたのだとわかりました。西洋の個人主義とは全く相容れないのです。戦後の一番大きな変化は、西洋の個人主義思想が日本にありとあらゆる形で生活全般に浸透してきたので、私は現在の日本人の心が荒廃してきていると感じます。

もちろん、戦前までの教育や生活のあり方が全部、よいとは言っていません。戦前までの世の中にもいろいろな不合理や理不尽な点があったでしょう。ただ、戦前までは、今の日本人よりもかなり道徳心が高く、精神の奥深いところにある基盤がしっかりとしていたのではないかと言いたいだけです。

繰り返しになりますが、これからは学歴偏重ではなく、人への思いやりや心を育てるといった方へ重点を置いた教育にしていくべきです（以前のゆとり教育に戻すということではありません）。

ニートを見捨てない社会へ

今、日本の伝統工芸が衰退の一途をたどっています。これまで使われてきた伝統工芸品が年々、使用されにくくなったという理由があります。それは、やはり安価な大量生産品が出回ったことと、日本人の生活スタイルが変わってきたことだそうです。

ところでこうした工芸品の中で、特に食に関して、それも日本の伝統食である味噌、醬油、酒を作るのに非常に大切なアイテムである木桶と木樽があります。私は以前、テレビで醬油作りや味噌作りをする上で木樽を使用し、昔ながらの作り方のまま食品製造を行っている企業を紹介している番組を拝見しました。その番組で私はあることを知って、驚きとともに感動を覚えました。

私たちが日頃食べている味噌や醤油は、工場などで大量生産してきたものが多いと思います。しかし大きな木樽で熟成させてある程度時間をかけて作ったものの方が、おいしい味が違うというのは、簡単に想像がつくと思います。その時に使用されている木樽までもが生化学的な反応を起こして、あたかも呼吸しているかのような状態になると聞いて樽も生きていることを知って驚きました。

樽というただの物体が、味噌を作る工程においては、生き物のようになる、樽=生き物のような、そんな不思議で崇高な営みがあることに感動しました。

ところが、現在この木樽も絶滅危惧種状態になっているとのことです。今、日本では木樽を作る技術を持っている人がかなり少なくて（数十人だそうです）、高齢化が進んでいるので後継者がいなくて困っているわけです。

現在はスーパーで売っている醤油のほとんどが工場で大量生産されたもので、私はだいたいそれを買ってきています。でも、昔ながらの木樽で作られた本物の醤油を食してみたいと思っています。皆さんも本物の醤油を食べてみたいとは思いませんか。

この日本の伝統食の衰退と同時に、より私たちにとって重要かつ直結した問題があります。戦後日本は、産業構造が変わり、第一次産業従事者の人口がかなり減りました。農業人口が極端に減ったために農産物の自給率が非常に低くなったのは周知の事実です。この日本の重要課題をどのように改善していけるかが日本の今後の明暗を分けると言っても過言ではありません。

それで私は思ったのです。

内閣府の統計（2022年度）によると、現在、引きこもりの人が推計で146万人（15～64歳）いるそうです。これだけ日本には潜在的な労働人口が眠っているわけです。海外から労働者を呼び込むことなしに、十分に国内の日本人をうまく適材適所、仕事に就けるようにするのが一番よい方法なのではないでしょうか。そう思うのが、ごく自然で常識的な発想であると思いますが……。

農業や、衰退していく産業には伝統工芸品や伝統食に関わる仕事が多いので、アナログかもしれませんが、そのような手仕事にじっくり取り組むタイプの職業に向いている人がいると思えるのです。そのような産業に、無職者の人の中でその仕事に興味があったり、やってみたいと希望した人を多数呼び込むための何らかの方法をとれないものかと思います。

ネットの書き込みには、ニートの人を安易に農業やそれに準じた仕事に従事させるのはよくないといった意見を言う人がいるようです。たしかに無職者、つまりニートの状態の人を優先的に農業の仕事にだけ斡旋するのはおかしいです。

私の知人で無職者の人がいますが、その人は農業をしてみたいと望んでいる人ですし、他にも希望者がいると考えるのが普通でしょう。それに最近、都会に住んでいたが疑問を感じて田舎に移住をして、農業を始めた人がいると聞きます。だんだんと農業のよさや大事さがわかってきた人が増えつつあるのです。

農業に限らず、幅広くいろいろな職種に門戸を開けるのが必要と感じます。

大学生が現在、行っているインターンシップのようなものや、職業適性検査等を行うなどして、仕事と人とのマッチングをするのが強く望まれます。現在でも民間の団体等が地域おこしを兼ねて、人と仕事のマッチング事業を行っているケースがあると聞きましたが、わずかな民間の力だけではどうにもマッチングの輪が広がりません。国がしっかりとバックアップ体制をする必要があると思うのですが、皆さんはどう思われるでしょうか。

産業と言えば、伝統文化だけではありません。地方の中小企業が後継者不足で黒字廃業をするという事態も激増しているではありませんか。

よく政府が「生産性を上げよ」「雇用ポートフォリオだ」「リスキリングだ」などと言っていますが、真の人材育成とはどんなことを指すのでしょうか。普通に考えたらわかると思いますが、引きこもり者が多くなることによる社会の損失はどれだけ多いのか、国は考えたことがあるのでしょうか。

小中学校の不登校生が30万人近くいて、ここ数年間の若年層のニートの人だけで約18万人いる現状をどのように考えているのでしょうか。政府はそのような人たちを見捨てるつもりなのでしょうか。私は本来、社会や国が人を独り立ちできないような状況にさせてはいけないと思いますが、皆さんはどう思われますか。

少しの失敗があったために二度と再生できないような社会のあり方も変えていくべきであると思います。

父から教えられた「自分を信じる心」

10年前に他界した大正15年生まれの父は、19歳か20歳の時に戦争に行ったと聞きました(父が20歳の年に終戦を迎えています)。ここからは父のよもやま話を聞いて下さい。記憶が少しあやふやかもしれませんが、自分が覚えている限りの話を書きます。

父は、大阪から列車を乗り継いでやっとの思いで九州の大村湾に着きました。そこから大きな船にぎゅうぎゅう詰めに乗せられて、どこかへ向けて出発してそんなに時間はたたなかったそうです。その時、なんと船に爆撃を受けたようで、大きな衝撃を感じたと同時に父は気を失ってしまったのです。その後のことは何があったかは覚えていなかったと言っていましたが、船外から入ってきた（?）誰かに揺さぶり起こされて意識が戻ったとのことです。

その時に「あぁ、自分は生きているのだなぁ。死なずに済んだのだなぁ」と思い、本当に命拾いをしたと感じたようです。その上、父はたいした怪我もしていなかったと聞いています。でも、まわりの一緒に乗船していた方たちの多くは亡くなったと聞きました。おそらく船は定員以上にたくさん乗せられていたので、父のすぐそばには折り重なるように倒れている方がいっぱいいたそうです。

その直後に終戦となり、父は復員することになったそうです。父はこのような九死に一生を得る体験をしたのです。実はこの体験のずっと後の20年ほど後にも、車を運転していて大破するような事故にあっているのですが、この時も少しの怪我で済んでいました。

家族は皆、口をそろえて言うのですが、とにかく父は稀に見る幸運の持ち主で目に見えない何かに命を助けてもらっているのです（実は父はその後、他にもいろいろと不思議な体験をしています）。

半面、大変な苦労をしていて、純粋なので人には騙されるし、裏切られたりして艱難辛苦を味わってきた父です。そんな父ですが、私が父の残した遺言のように思っている言葉をここでお伝えしたいと思います。

人様にお話しするのは、少々気が引けますが、父は一時ある宗教に入っていました。その後、理由があって、そこをやめることになりました。それどころか父は、それまでもいくつもの宗教に入っていたことがあると、亡くなった後に父の手記を読んで知りました。そんなことを、当時、私は全く知りませんでした。

お酒が好きでかなり飲んでいたのですが、飲むというよりも飲まれているといった感じでしたので、私は何かしら父の心の闇を感じてはいました。しかし、父がそこまで強い孤独感を抱いていたり、何かに支えてもらわなければ生きられないとは思ってもみませんでした。

どうしてあの時に、もっと父に優しい言葉をかけてあげられなかったのか、どうしてもっと肚を割って話をすることができなかったのかと、今では悔やまれます。とても心が痛むのです。

信教の自由はありますし、誰もが皆、この世の中で何かのより所がなければ生きていく中でつらいと感じるので、宗教に入りたいと思うのは人情というものです。その宗教を信じているうちは、信仰しているものに対して祈ってしまいます。悪い言い方かもしれませんが、それに頼ってしまうのです。

ところが宗教をやめた後に、父が、本当に物事に行き詰まった時や孤独でつらかった時に心に自然と浮かんだことがあったと聞きました。それは「自分の中に神様がいるのだ。自分の中に神様が必ずいつもいるのだ。だから他の何かに頼らなくてもよいのだ」と話してくれたのです（この神様は特定の宗教の神様ではありません）。

直感的に頭にそういう考えが浮かんだのだと言っていました。何か目には見えないけれども、その何かが父にそう教えてくれたのだと私は思っています。つまり「自分を常に信じなさい」と教えてくれているような気がします。

それは科学的に説明したりはできませんし、直感的というか、生き物としてのカンなのでしょうか。私は、誰の心にもその人の神様が存在していると感じています。不登校の人や引きこもりの人は大変つらいとは思いますが、何とか「自分を信じて」がんばってほしいのです。どうか、自分の信じる道を進んで下さい。

他の誰もあなたを本当の意味で信じることはできないのです。でも本当に自分を信じることができるのは、あなたしかいないのです。

信心深い父の戦争体験の話をお伝えしましたが、先の大戦では多くの日本人、私たちの先祖である方たちが亡くなっておられるのです。その事実をしっかりと受け止めなければいけません。

また、私の父や母のように戦争を体験しながらも、昭和、平成、令和と皆生き延びてきたわけです。幸運にも奇跡的に生き延びた人たちが一生懸命に戦後の復興のために働きました。誰もが汗みどろになって働いたと思います。

父は真剣な顔で「自分がこのように生き残ってしまって、亡くなった人には本当に申し訳ない」と心から申し訳なさそうに話していました。父も母も戦時中の話はあまりしたがらなかったのですが、この話は私からどうしても聞きたいと頼んで、聞かせてもらいました。

高度経済成長期の日本の成長は、この方たちががんばったからこそ恩恵を被ることができたのです。〝企業戦士〟という言葉、今は死語になっていますが、これはまさに私の父の姿でした。

当時の先人たちが果たした経済成長はあったとはいうものの、戦後私たちの国を大きく揺るがすさまざまな問題が山積しています。でも少し冷静に考えてみて下さい。奇跡的に助かった人たちの子どもが今の私たちであり、その子どもはまた奇跡的に助かった人たちの孫なわけです。言ってみれば今生きている私たちは奇跡的に幸運な人間とも言えるのです。

それを考えると、今生きている人間は皆、奇跡的にこの日本で生きているわけです。

ですから、不登校の人も引きこもりの人も含めて、皆が日本をよい方向へ導いていける力を潜在的に持っているのではないかと思うのです。

戦争で亡くなった方たちのためにも、そして生き延びて一生懸命日本という国を築いて下さった先人の方たちのためにも、これからはよい世の中を皆で作っていかなければならないと思うのです。

おわりに

この本は、実は私の2人の子どもへの手紙のような気持ちで書きました。

子育てしている時の記憶を思い起こすと、申し訳ないことをしたという後悔が多いのです。一生懸命にやってきたつもりでも至らない点が多々ありました。

後々になって、歳を重ねてから初めてわかったことも多く、当時は自分のことや生活全般のルーティンワークで手一杯でした。

この本には、親としての手抜かりがあった点を子どもたちに謝りたいという気持ちと、2人がこれからの人生をどうか自信を持って過ごしていってほしいと願う気持ちの両方が含まれています。

そして後半の章では、私事で恐縮ですが、実父や実母のエピソードを書かせていただきました。

私は20歳頃になぜか心の中に訳のわからない漠然とした、言葉には表現できなくてそれが何かはわからない、もやもやとした気持ちがあったのです。当時、父と「日本の世の中の仕組み」について話し合っていると意見が対立して大喧嘩となり、父は思わず激高して「なにを！」と私に拳をあげました。その時は、父が怒り出したので私はそのまま気持ちを封印するしかなかったのです。

ところが子どもが不登校をしたけれどもその後、彼らがそれを克服した今になって、若い頃感じたもやもやとした気持ちは何であったかに気づいたのです。あるいは自分が歳を重ねたためにと言った方がよいかもしれません。

自分の気持ちに封印をしてからなんと、40年もの歳月がたっていたのです。当時は若かったので説明できなかったのですが、今はすっかり話すことができるようになりました。その時の自分が言いたかったことが、まさに本書に書いたそっくりそのままの内容だったのです。本当は父にちゃんと向き合ってその考えを伝えたかったのですが、すでに時遅しで父は10年前に他界しています。

でも今になってよく考えてみると、生前の父のさまざまな経験が私にこの本を書くための重要なヒントを与えてくれたのです。おまけに父や母の体験や話した内容が、私に大切な示唆を与えてくれたこと自体、この40年が無駄ではなかったのを証明していると思っています。

私自身も子どもの不登校で、これを通していろいろな経験ができました。

不登校の原因を個別に探って追求していくと、それらはそれぞれ原因があるでしょう。しかし、それを受けて個別の原因だけを除去していったとしても、不登校の本当の意味での解決にはなりません。本当に解決したいのなら、両面から取り掛からなければ解決できないのではないかと思います。

この両面とは、取りも直さず個別の原因と子どもを取り巻く社会環境のことです。繰り返しになりますが、私は不登校という現象は、物言わぬ子どもたちが何かの心の叫びを訴えたいがために「学校に行かない」という表現で、私たち大人に何かを示してくれているように感じてならないのです（もちろん、誰もが不登校になりたくてなるわけではないのですが）。

皆さんはこれからの日本はどんな社会になればよいとお考えですか？

私はどんな人も適材適所それぞれの長所が生かせて、誰も脱落することのない社会が実現するのを願ってやみません。

最後になりましたがこのたびＰＨＰエディターズ・グループとのご縁があり、制作工程を進めていく中で不慣れな私に対して担当者様は終始、丁寧で親切なご対応をしていただき恐縮しています。

いつでも誠意を持って対応して下さるので、この方なら安心して本作りをお任せできると確信していました。さまざまなサポートをいただいてこの本ができたのです。
心より感謝申し上げます。

2024年5月

長沢　桜

おもな参考文献

『日本教育史資料』文部省編、鳳文書館
「令和3年度児童生徒の問題行動・不登校等生徒指導上の諸課題に関する調査」について
令和4年10月東京都教育庁指導部　概要版のP18、19、20
『数字でみる　日本の100年　改訂第6版』公益財団法人矢野恒太記念会
『不登校に、なりたくてなる子はいない。』上野良樹著、ぶどう社
『新しい階級闘争　大都市エリートから民主主義を守る』マイケル・リンド著、中野剛志解説、施光恒監訳、寺下滝郎訳、東洋経済新報社
『日本奥地紀行』イザベラ・バード著、高梨健吉訳、平凡社ライブラリー
『コンプリメントで不登校は治り、子育ての悩みは解決する』森田直樹著、小学館
『古武術に学ぶ　子どものこころとからだの育てかた』甲野善紀著、ビジネス社
『学校は行かなくてもいい』小幡和輝著、健康ジャーナル社
『人間性の心理学』A・Hマズロー著、小口忠彦訳、産能大出版部

『不登校・ひきこもりの9割は治せる』杉浦孝宣著、光文社新書
『英語化は愚民化』施光恒著、集英社新書
『ネット依存症から子どもを救う本』樋口進監修、法研
『発達障害バブルの真相』米田倫康著、萬書房
『新・精神保健福祉士養成講座　精神医学』日本精神保健福祉士養成校協会編集、中央法規出版
文部科学省「令和2年度児童生徒の問題行動・不登校等生徒指導上の諸課題に関する調査結果の概要」令和3年10月13日　自殺の状況について
文部科学省「令和3年度児童生徒の問題行動・不登校等生徒指導上の諸課題に関する調査結果について」文部科学省初等中等教育局児童生徒課　令和4年10月27日　P124の7、自殺（学校から報告のあったもの）
『菊と刀』ルース・ベネディクト著、長谷川松治訳、講談社学術文庫

〈著者略歴〉
長沢　桜（ながさわ　さくら）
立正大学文学部英文学科卒業。アパレル企業および健康保険組合の事務員を経て、芦屋市立教育研究所（現打出教育文化センター）で非常勤指導員として情緒障害児（現在の発達障害児）の遊戯療法に従事する。健康保険組合勤務中に夜間のカウンセリング講座を公益財団法人関西カウンセリングセンターにて受講、修了。子育て期間を経て精神保健福祉士の資格取得後、青少年自立支援施設や児童発達支援・放課後等デイサービスの指導員として勤務。

不登校を生み出す社会、不登校から救い出す家庭

2024年 6 月20日　第 1 版第 1 刷発行

著　者　　長沢　桜
発　行　　株式会社ＰＨＰエディターズ・グループ
〒135-0061　東京都江東区豊洲5-6-52
☎03-6204-2931
https://www.peg.co.jp/
印　刷
製　本　　シナノ印刷株式会社

ISBN978-4-910739-56-4